Paix et liberté ou le budget républicain

1854

FRÉDÉRIC BASTIAT

TABLE DES MATIERES

PAIX ET LIBERTÉ OU LE BUDGET RÉPUBLICAIN   5

NOTES   43

PAIX ET LIBERTÉ OU LE BUDGET RÉPUBLICAIN

[1]

Un programme ! un programme ! voilà le cri qui s'élève de toutes parts vers le cabinet.

Comment comprenez-vous l'administration intérieure ? Quelle sera votre politique au dehors ? Par quelles grandes mesures entendez-vous élever les recettes ? Vous faites-vous fort d'éloigner de nous ce triple fléau qui semble planer sur nos têtes : la guerre, les révolutions, la banqueroute ? Pouvons-nous enfin nous livrer avec quelque sécurité au travail, à l'industrie, aux grandes entreprises ? Qu'avez-vous imaginé pour nous assurer ce lendemain que vous promîtes à tous les citoyens, le jour où vous prîtes la direction des affaires ?

Voilà ce que chacun demande ; mais, hélas ! le ministère ne répond rien. Qui pis est, il semble systématiquement résolu à ne rien répondre.

Que faut-il en conclure ? Ou le cabinet n'a pas de plan, ou s'il en a un, il le cache.

Eh bien ! je dis que, dans l'une ou l'autre hypothèse, il manque à son devoir. S'il cache son plan, il fait une chose qu'il n'a pas le droit de faire ; car un plan gouvernemental n'appartient pas au gouvernement, mais au public. C'est nous qu'il intéresse, puisque notre bien-être et notre sécurité en dépendent. Nous devons être gouvernés non selon la volonté cachée du ministère, mais selon sa volonté connue et approuvée. Au cabinet, l'exposition, la proposition, l'initiative ; à nous, le jugement ; à nous, l'acceptation ou le refus. Mais pour juger, il faut connaître. Celui qui monte sur le siège et s'empare des guides, déclare, par cela même, qu'il sait ou croit savoir le but qu'il faut atteindre et la route qu'il faut prendre. C'est bien le moins qu'il n'en fasse pas mystère aux voyageurs, quand ces voyageurs forment une grande nation tout entière.

Que s'il n'a pas de plan, qu'il juge lui-même ce qu'il a à faire. À toutes les époques, pour gouverner il faut une pensée ; mais cela est vrai, surtout aujourd'hui. Il est bien certain qu'on ne peut plus suivre les vieilles ornières, ces ornières qui déjà trois fois ont versé le char dans la boue. Le statu quo est impossible, la tradition insuffisante. Il faut des réformes ; et, quoique le mot soit malsonnant, je dirai : Il faut du nouveau ; non point du nouveau qui ébranle, renverse, effraie, mais du nouveau qui maintienne, consolide, rassure et rallie.

Donc, dans mon ardent désir de voir apparaître le vrai Budget républicain, découragé par le silence ministériel, je me suis rappelé le vieux proverbe :Veux-tu être bien servi, sers-toi toi-même ; et pour être sûr d'avoir un programme, j'en ai fait un. Je le livre au bon sens public.

Et d'abord, je dois dire dans quel esprit il est conçu.

J'aime la République, - et j'ajoute, pour faire ici un aveu dont quelques-uns pourront être surpris[2], - je l'aime beaucoup plus qu'au 24 février. Voici mes raisons.

Comme tous les publicistes, même ceux de l'école monarchique, entre autres Chateaubriand, je crois que la République est la forme naturelle d'un gouvernement normal. Peuple, Roi, Aristocratie, ce sont trois puissances qui ne peuvent coexister que pendant leur lutte. Cette lutte a des armistices qu'on appelle des chartes. Chaque pouvoir stipule dans ces chartes une part relative à ses victoires. C'est en vain que les théoriciens sont intervenus et ont dit : « Le comble de l'art, c'est de régler les attributions des trois jouteurs, de telle sorte qu'ils s'empêchent réciproquement. » La nature des choses veut que, pendant et par la trêve, l'une des trois puissances se fortifie et grandisse. La lutte recommence, et aboutit, de lassitude, à une charte nouvelle un peu plus démocratique, et ainsi de suite, jusqu'à ce que le régime républicain ait triomphé.

Mais il peut arriver que le peuple, parvenu à se gouverner lui-même, se gouverne mal. Il souffre et soupire après un changement. Le prétendant exilé met à profit l'occasion, il remonte sur le trône. Alors la lutte, les trêves et le règne des chartes recommencent, pour aboutir de nouveau à la République. Combien de fois peut se renouveler l'expérience ? C'est ce que j'ignore. Mais ce qui est certain, c'est qu'elle ne sera définitive que lorsque le peuple aura appris à se gouverner.

Or, au 24 février, j'ai pu craindre, comme bien d'autres, que la nation ne fût pas préparée à se gouverner elle-même. Je redoutais, je l'avoue, l'influence des idées grecques et romaines qui nous sont imposées à tous par le monopole universitaire, idées radicalement exclusives de toute justice, de tout ordre, de toute liberté, idées devenues plus fausses encore dans les théories prépondérantes de Montesquieu et de Rousseau. Je redoutais aussi la terreur maladive des uns et l'admiration aveugle des autres, inspirées par le souvenir de la première République. Je me disais : Tant que dureront ces tristes associations d'idées, le règne paisible de la Démocratie sur elle-même n'est pas assuré.

Mais les événements ne se sont pas réglés sur ces prévisions. La République a été proclamée ; pour revenir à la Monarchie, il faudrait une révolution, peut-être deux ou trois, puisqu'il y a plusieurs Prétendants. En outre, ces révolutions ne seraient que le prélude d'une révolution nouvelle, puisque le triomphe définitif de la forme républicaine est la loi nécessaire et fatale du progrès social.

Que le ciel nous préserve de telles calamités. Nous sommes en République, restons-y ; restons-y, puisqu'elle reviendrait tôt ou tard ; restons-y, puisqu'en sortir ce serait rouvrir l'ère des bouleversements et des guerres civiles.

Mais pour que la République se maintienne, il faut que le peuple l'aime. Il faut qu'elle jette d'innombrables et profondes racines dans l'universelle sympathie des masses. Il faut que la confiance renaisse, que le travail fructifie, que les capitaux se forment, que les salaires haussent, que la vie soit plus facile, que la nation soit fière de son œuvre, en la montrant à l'Europe toute resplendissante de vraie grandeur, de justice et de dignité morale. Donc, inaugurons la politique de la Paix et de la Liberté.

Paix et Liberté ! Il n'est certes pas possible d'aspirer vers deux objets plus élevés dans l'ordre social. Mais que peuvent-ils avoir de commun avec les chiffres glacés d'un vulgaire budget ?

Ah ! la liaison est aussi intime qu'elle puisse l'être. Une guerre, une menace de guerre, une négociation pouvant aboutir à la guerre, rien de tout cela n'arrive à l'existence que par la vertu d'un petit article inscrit sur ce gros volume, effroi du contribuable. Et, de même, je vous défie d'imaginer une oppression, une limitation à la liberté des citoyens, une chaîne à leur bras ou à leur cou, qui ne soit née du budget des recettes et n'en subsiste.

Montrez-moi un peuple se nourrissant d'injustes idées de domination extérieure, d'influence abusive, de prépondérance, de prépotence ; s'immisçant dans les affaires des nations voisines, sans cesse menaçant ou menacé ; et je vous montrerai un peuple accablé de taxes.

Montrez-moi un peuple qui s'est donné des institutions d'une telle nature que les citoyens ne peuvent penser, écrire, imprimer, enseigner, travailler, échanger, s'assembler sans qu'une tourbe de fonctionnaires ne vienne entraver leurs mouvements ; et je vous montrerai un peuple accablé de taxes.

Car je vois bien comment il ne m'en coûte rien pour vivre en paix avec tout le monde. Mais je ne puis concevoir comment je devrais m'y prendre pour m'exposer à des querelles continuelles, sans m'assujettir à des frais énormes, soit pour attaquer, soit pour me défendre.

Et je vois bien aussi comment il ne m'en coûte rien pour être libre ; mais je ne puis comprendre comment l'État pourrait agir sur moi d'une manière funeste à ma liberté, si je n'ai commencé par remettre en ses mains, et à mes frais, de coûteux instruments d'oppression.

Cherchons donc l'économie. Cherchons-la, parce qu'elle est le seul moyen de satisfaire le peuple, de lui faire aimer la République, de tenir en échec, par la sympathie des masses, l'esprit de turbulence et de révolution. Cherchons l'économie, - Paix et Liberté nous seront données par surcroît.

L'Économie est comme l'Intérêt personnel. Ce sont deux mobiles vulgaires, mais ils développent des principes plus nobles qu'eux-mêmes.

Le but spécial et actuel d'une réforme financière est de rétablir l'Équilibre entre la recette et la dépense. Son but ultérieur, ou plutôt son effet, est de restaurer le Crédit public. Enfin, un autre but plus important qu'elle doit atteindre pour mériter ce beau nom de réforme, c'est de soulager le peuple, de faire aimer les institutions et d'épargner ainsi au pays de nouvelles commotions politiques.

Si j'apprécie à ces divers points de vue les systèmes qui se sont produits, je ne puis m'empêcher de les juger ou bien incomplets ou illusoires.

Un mot sur deux de ces systèmes : celui des praticiens et celui des utopistes.

Je commence par déclarer que j'ai le plus profond respect pour la science et l'expérience des financiers. Ils ont passé leur vie à étudier le mécanisme de nos finances, ils en connaissent tous les ressorts ; et s'il ne s'agissait que d'atteindre cet équilibre, qui est à peu près l'objet exclusif de leur poursuite, peut-être n'y aurait-il rien de mieux à faire que de leur confier cette tâche déjà bien difficile. En rognant quelque peu nos dépenses, en élevant quelque peu nos recettes, je veux croire qu'au bout de trois ou quatre ans, ils nous mèneraient à ce port si désiré qu'ils nomment le budget normal.

Mais il est clair que la pensée fondamentale, qui gouverne notre mécanisme financier, resterait la même, sauf quelques améliorations dans les détails. Or, la question que je pose est celle-ci : en restant sous l'empire de cette pensée fondamentale, en replâtrant notre système contributif, si profondément ébranlé par la révolution de Février, avons-nous devant nous les trois ou quatre ans qui nous séparent du fameux équilibre ? En d'autres termes, notre système financier, même dégagé de quelques abus, porte-t-il en lui-même des conditions de durée et de vie ? N'est-il pas l'outre d'Éole, et ne renferme-t-il pas dans ses flancs les vents et les tempêtes ?

Si c'est précisément de ce système que sont sortis les bouleversements, que devons-nous attendre de sa simple restauration ?

Les hommes de la finance, je parle de ceux pour qui le beau idéal est de rétablir les choses, sauf quelques détails, comme elles étaient avant Février, ces hommes, qu'ils me permettent de le dire, veulent bâtir sur le sable et avancer dans un cercle vicieux. Ils ne s'aperçoivent pas que le vieux système qu'ils préconisent, bien loin de fonder l'abondance des recettes publiques sur la prospérité des classes travailleuses, aspire à gonfler le budget à force de tarir la source qui l'alimente.

Indépendamment de ce que c'est là un vice radical au point de vue financier, c'est encore un effroyable danger politique. Quoi ! vous venez de voir quelle atteinte, presque mortelle, une révolution a portée à nos finances ; vous ne pouvez pas douter qu'une des causes, sinon la seule, de cette commotion, c'est la désaffection née dans le cœur du peuple du poids des taxes, et la chose à laquelle vous aspirez, c'est de nous remettre au point de départ, et de remonter péniblement le char justement au sommet de la déclivité fatale !

Alors même qu'une révolution ne se serait pas accomplie, alors même qu'elle n'aurait pas éveillé au sein des masses des espérances et des exigences nouvelles, je crois vraiment que votre entreprise serait irréalisable. Mais ce qui eût été prudence, avant Février, n'est-il pas devenu nécessité ? Est-ce que vous croyez que vos trois ou quatre années d'efforts à la poursuite exclusive de l'équilibre peuvent s'écouler paisiblement, si le peuple ne voit rien venir que de taxes nouvelles ? si la République ne se montre à lui que par la plus grande âpreté des percepteurs ? si, sur le fruit de son travail, de moins en moins rémunéré, il faut qu'il fasse à l'État et à ses agents une part toujours plus grande ? Non, ne l'espérez pas. Un bouleversement nouveau viendra interrompre vos froides élucubrations, et alors, je vous le demande à vous-mêmes, qu'adviendra-t-il de cet équilibre et de ce crédit qui sont, à vos yeux, le sublime de l'art et le terme de tout effort intelligent ?

Je crois donc que les hommes pratiques perdent complétement de vue le troisième but (et le premier en importance) que j'ai assigné à la réforme financière, à savoir : soulager le contribuable, faire aimer la République.

Nous en avons eu une preuve récente. L'Assemblée nationale a réduit l'impôt du sel et la taxe des lettres. Eh bien ! non-seulement les financiers désapprouvent ces mesures, mais encore ils ne peuvent pas se mettre dans la tête que l'Assemblée ait agi conformément à sa propre volonté. Ils supposent toujours, et de très-bonne foi, qu'elle a été victime d'une surprise et qu'elle la déplore, tant toute idée de réforme leur répugne.

À Dieu ne plaise que je veuille insinuer par là que la coopération des financiers est à repousser ! Quelle que soit l'idée nouvelle qui surgisse, elle ne peut guère être mise en œuvre que par le concours de leur utile expérience. Mais il est probable qu'elle ne surgira pas dans leur cerveau. Ils ont trop vécu pour cela dans les errements du passé. Si, avant les campagnes d'Italie, Napoléon avait usé trente années de sa vie à étudier et appliquer toutes les combinaisons de l'ancienne stratégie, croit-on qu'il eût été frappé de cette inspiration qui a révolutionné l'art de la guerre et jeté un si grand éclat sur les armes françaises ?

À côté de cette école pleine de jours et d'expérience, qui offrira à l'exécution des ressources précieuses, mais d'où ne jaillira pas, je le crains, l'idée féconde que la France attend pour son salut, sa gloire et sa sécurité, il y a une autre école ou plutôt un nombre à peu près infini d'autres écoles, aux idées desquelles, si l'on peut reprocher quelque chose, ce n'est pas du moins de manquer de nouveauté. Je n'ai pas l'intention d'examiner tous les systèmes qu'elles ont mis au jour. Je me bornerai à dire quelques mots sur la pensée qui m'a paru dominer dans le manifeste des républicains dits avancés.

Ce manifeste me semble reposer sur un cercle vicieux beaucoup plus caractérisé encore que celui des financiers. À vrai dire, il n'est qu'une perpétuelle et puérile contradiction. Dire au peuple : « La république va faire pour toi un miracle. Elle va te dégager de toute cette lourde responsabilité qui pèse sur la condition humaine. Elle te prendra au berceau, et après t'avoir conduit, à ses frais, de la crèche à la salle d'asile, de la salle d'asile à l'école primaire, de l'école primaire aux écoles secondaires et spéciales, de là à l'atelier de travail, et de l'atelier de travail aux maisons de refuge, elle te rendra à la tombe, sans que tu aies eu besoin, pour ainsi dire, de prendre soin de toi-même. As-tu besoin de crédit ? te manque-t-il des instruments de travail, ou du travail ? désires-tu de l'instruction ? quelque sinistre est-il venu visiter ton champ ou ton atelier ? l'État est là, comme un père opulent et généreux, pour pourvoir à tout, pour tout réparer. Bien plus, il étendra sa sollicitude sur toute la surface du globe, en vertu du dogme de la Solidarité ; et, au cas qu'il te prenne fantaisie d'aller semer au loin tes idées et tes vues politiques, il tiendra toujours une grande armée prête à entrer en campagne. Voilà sa mission, elle est vaste, et pour l'accomplir il ne te demande rien. Sel, boissons, postes, octrois, contributions de toutes sortes, il va renoncer à tout. Un bon père donne à ses enfants, mais ne leur demande pas. Que si l'État ne suit pas cet exemple, s'il ne remplit pas envers toi le double et contradictoire devoir que nous signalons, il aura trahi sa mission, il ne te restera qu'à le renverser. » Je le demande, se peut-il rien imaginer de plus chimérique en même temps que de plus dangereux ?

Il est vrai que pour masquer ces grossières impossibilités, on ajoute : L'impôt sera transformé ; on le prendra sur le superflu des riches.

Mais il faut bien que le peuple le sache. Ce n'est là qu'une chimère de plus. Imposer à l'État des attributions exorbitantes, et persuader qu'il pourra y faire face avec l'argent prélevé sur le superflu des riches, c'est donner au public une vaine espérance. Combien y a-t-il de riches en France ? Quand il fallait payer 200 francs pour avoir droit de suffrage, le nombre des électeurs était de deux cent mille, et sur ce nombre, la moitié peut-être n'avait pas de superflu. Et l'on voudrait affirmer aujourd'hui que l'État peut remplir l'immense mission qu'on lui donne en se bornant à imposer les riches ! Il suffira que deux cent mille familles livrent au gouvernement le superflu de leurs richesses pour que celui-ci prodigue toute sorte de bienfaits aux huit millions de familles moins aisées. Mais on ne voit donc pas une chose : c'est qu'un système d'impôt ainsi conçu donnerait à peine de quoi pourvoir à sa propre perception.

La vérité est, et le peuple ne devrait jamais le perdre de vue, que la contribution publique s'adressera toujours et nécessairement aux objets de la consommation la plus générale, c'est-à-dire la plus populaire. C'est précisément là le motif qui doit pousser le peuple, s'il est prudent, à restreindre les dépenses publiques, c'est-à-dire l'action, les attributions et la responsabilité du gouvernement. Il ne faut pas qu'il s'attende à ce que l'État le fasse vivre, puisque c'est lui qui fait vivre l'État[3].

D'autres espèrent beaucoup dans la découverte de quelque nouvelle matière imposable. Je suis loin de prétendre qu'il n'y a rien à essayer dans cette voie, mais je soumets au lecteur ces trois observations :

1° Tous les gouvernements antérieurs ont aimé avec passion à prendre beaucoup au public pour pouvoir beaucoup dépenser. Il n'est guère probable qu'en fait d'impôts, aucune mine précieuse et d'une exploitation facile eût échappé au génie de la fiscalité. S'il a été arrêté par quelque chose, ce n'a pu être que par la crainte des répugnances nationales.

2° Si de nouvelles sources d'impôts ne peuvent s'ouvrir sans heurter les habitudes et exciter le mécontentement, le moment serait-il bien choisi, après une révolution, de tenter une telle expérience ? Ne serait-ce pas compromettre la République ? Figurons-nous l'effet produit sur les contribuables par cette nouvelle : l'Assemblée nationale vient de vous assujettir à des taxes, de vous jusqu'ici inconnues et devant lesquelles la monarchie avait reculé !

3° Au point de vue actuel et pratique, chercher et découvrir de nouveaux impôts, c'est un sûr moyen de ne rien faire et de négliger le corps pour l'ombre. L'Assemblée nationale n'a que deux ou trois mois à vivre. D'ici là, il faut qu'elle ait fait le budget. Je laisse au lecteur le soin de tirer la conclusion.

Après avoir rappelé les systèmes qui sont les plus en vogue et les plus inadmissibles, il me reste à signaler celui que je voudrais voir prévaloir.

Établissons d'abord la situation financière à laquelle il faut faire face.

Nous sommes en déficit (car le mot insuffisance est devenu insuffisant). Ce déficit, je n'en chercherai pas le chiffre exact. J'ignore comment notre comptabilité est tenue ; ce que je sais, c'est que jamais, au grand jamais, deux chiffres officiels, pour le même fait, ne se ressemblent. Quoi qu'il en soit, la plaie est énorme. Le dernier budget (vol. 1, p. 62) contient ce renseignement :

Anciens découverts (autre joli mot), années 1846 et antérieures
184,156,000

fr.
Budget de 1847
43,179,000

Indemnité aux caisses d'épargne
38,000,000

Budget de 1848
71,167,000

Budget de 1849
213,960,534

Total des découverts
550,462,534
fr.

Voilà le résultat des budgets passés. Donc le mal ira toujours croissant à l'avenir, si nous ne parvenons, soit à augmenter les recettes, soit à diminuer les dépenses, non-seulement de manière à les aligner, mais encore à trouver un excédant de recettes qui absorbe peu à peu les découverts antérieurs.

Il ne sert de rien de se le dissimuler, hors de là, c'est la banqueroute et ses suites.

Et, ce qui rend la situation plus difficile, c'est cette considération que j'ai déjà indiquée et sur laquelle j'insiste de toutes mes forces, à savoir que, si l'on cherche le remède ou partie du remède dans une aggravation d'impôts, ainsi que cela se présente naturellement à l'esprit, on provoquera des révolutions. Or, l'effet financier des révolutions, à ne parler que de celui-là, étant d'accroître les dépenses et de tarir les sources du revenu (je m'abstiens de démonstration), le procédé, au lieu de détourner la catastrophe, n'est propre qu'à la précipiter.

Je vais plus loin. La difficulté est bien plus grande encore, car j'affirme (telle est du moins ma conviction profonde) que l'on ne peut pas même maintenir tous les impôts existants sans mettre contre soi les chances les plus terribles. Une révolution s'est faite ; elle s'est proclamée démocratique, la démocratie en veut sentir les bienfaits. Elle a tort ou elle a raison, mais c'est ainsi. Malheur aux gouvernements, malheur au pays, si cette pensée n'est pas toujours présente à l'esprit des Représentants du peuple.

La question ainsi posée, que faut-il faire ?

Car, d'un autre côté, si l'on peut diminuer les dépenses, il y a des bornes à ces retranchements. Il ne faut pas aller jusqu'à désorganiser les services, ce serait encore faire arriver les révolutions par l'autre extrémité de l'horizon financier.

PAIX ET LIBERTÉ OU LE BUDGET RÉPUBLICAIN

Que faut-il donc faire ?

Voici ma pensée. Je la formule dans toute sa naïveté, au risque de faire dresser les cheveux sur la tête à tous les financiers et praticiens.

Diminuer les impôts. - Diminuer les dépenses dans une proportion plus forte encore.

Et, pour revêtir cette pensée financière de sa formule politique, j'ajoute : Liberté au dedans. - Paix au dehors.

Voilà tout le programme.

Vous vous récriez ! « Il est aussi contradictoire, dites-vous, que le manifeste montagnard ; il renferme un cercle vicieux au moins aussi évident que ceux que vous avez précédemment signalés dans les autres systèmes. »

Je le nie, j'accorde seulement que la tentative est hardie. Mais si la gravité de la situation est bien établie, d'une part ; si, de l'autre, il est prouvé que les moyens traditionnels ne nous en feront pas sortir, il me semble que ma pensée a quelque droit au moins à l'attention de mes collègues.

Qu'il me soit donc permis d'examiner mes deux propositions, et que le lecteur, se rappelant qu'elles forment un tout indivisible, veuille bien suspendre son jugement, et peut-être son arrêt.

Il y a d'abord une vérité qu'il faut rappeler, parce qu'on n'en tient pas assez compte : c'est que, par la nature de notre système contributif, qui repose en très-grande partie sur une perception indirecte, c'est-à-dire demandée à la consommation, il y a une connexité étroite, une relation intime entre la prospérité générale et la prospérité des finances publiques.

Ceci nous mène à cette conclusion : il n'est pas rigoureusement exact de dire que soulager le contribuable c'est infailliblement porter atteinte au revenu.

Si, par exemple, dans un pays comme le nôtre, le gouvernement, poussé par une exagération d'ardeur fiscale, élevait les taxes jusqu'au point de ruiner les facultés du consommateur ; s'il doublait et triplait le prix vénal des choses les plus nécessaires, s'il renchérissait encore les matériaux et les instruments de travail ; si, par suite, une partie considérable de la population était réduite à se priver de tout, à vivre de châtaignes, de pommes de terre, de sarrasin, de maïs, il est clair que la stérilité du budget des recettes pourrait être attribuée, avec quelque fondement, à l'exagération même des taxes.

Et, dans cette hypothèse, il est clair encore que le vrai moyen, le moyen rationnel de faire fleurir les finances publiques, ce ne serait pas de porter de nouveaux coups à la richesse générale, mais au contraire de la laisser s'accroître ; ce ne serait pas de tendre l'impôt mais de le détendre.

Théoriquement, je ne crois pas que ceci puisse être contesté : l'impôt, dans son développement successif, peut arriver à ce point que ce que l'on ajoute à son chiffre on le retranche à son produit. Quand les choses en sont là, il est aussi vain, il est aussi fou, il est aussi contradictoire de chercher une addition aux recettes, dans une addition aux impôts, qu'il le serait de vouloir élever le liquide, dans le manomètre, par des moyens qui auraient pour effet de diminuer la chaleur dans la chaudière.

Ceci posé, il faut savoir si, en fait, notre pays n'en est pas là.

Si j'examine les principaux objets de consommation universelle, auxquels l'État demande son revenu, je les trouve chargés de taxes tellement exorbitantes qu'on ne peut expliquer que par la puissance de l'habitude la soumission du contribuable.

Dire que quelques-unes de ces taxes équivalent à la confiscation, ce serait employer une expression bien insuffisante.

Viennent d'abord le sucre et le café. Nous pourrions les avoir à bas prix, si nous avions la liberté d'aller les chercher sur les marchés vers lesquels notre intérêt nous pousse. Mais, dans le but bien arrêté de nous fermer le commerce du monde, le fisc nous soumet à une grosse amende quand nous commettons le délit d'échange avec l'Inde, la Havane ou le Brésil. Que si, dociles à sa volonté, nous limitons notre commerce à celui que peuvent alimenter trois petits rochers perdus au milieu des océans ; alors nous payons, il est vrai, le sucre et le café beaucoup plus cher, mais le fisc radouci ne nous prend, sous forme de taxe, que cent pour cent de la valeur, environ.

On appelle cela de l'économie politique profonde. Notez que, pour acquérir les petits rochers, il nous en a coûté des torrents de sang et des tonnes d'or, dont la rente nous grèvera pendant toute l'éternité. Par voie de compensation, nous payons en outre des tonnes d'or pour les conserver.

Il existe, en France, un produit qui est national s'il en fut et dont l'usage est inséparable des habitudes populaires. Pour réparer les forces des travailleurs, la nature a donné la viande aux Anglais et le vin aux Français ; ce vin, on peut se le procurer partout à 8 ou 10 fr. l'hectolitre, mais le fisc intervient et vous taxe à 15 fr.

Je ne dirai rien de l'impôt des tabacs, qui est assez bien accepté par l'opinion. Il n'en est pas moins vrai que cette substance est taxée à plusieurs fois sa valeur.

L'État dépense 5 c., 10 c. au plus pour transporter une lettre d'un point à l'autre du territoire. Jusqu'à ces derniers temps, il vous forçait d'abord de vous adresser à lui ; ensuite, quand il vous tenait, il vous faisait payer 80 c., 1 fr. et 1 fr. 20 c. ce qui lui coûtait un sou.

Parlerai-je du sel ? Il a été bien constaté, dans une discussion récente, qu'on peut faire du sel en quantité indéfinie, dans le midi de la France, à 50 c. Le fisc le frappait d'un droit de 30 fr. Soixante fois la valeur de la chose ! et on appelle cela une contribution ! Je contribue pour soixante, parce que je possède un ! Je gagnerais 6,000 pour cent à abandonner ma propriété au gouvernement !

Ce serait bien pis, si je parlais de la douane. Ici le gouvernement a deux buts bien arrêtés : le premier, d'élever le prix des choses, de soustraire au travail ses matériaux, d'augmenter les difficultés de la vie ; le second, de combiner et grossir les taxes, de telle sorte que le fisc n'en perçoive rien, rappelant ce mot d'un petit maître à son tailleur, à propos d'un haut-de-chausses : « Si j'y entre, je ne le prends pas. »

Enfin l'exorbitante exagération de ces taxes ne peut manquer de stimuler l'esprit de fraude. Dès lors le gouvernement est obligé de s'entourer de plusieurs armées de fonctionnaires, de mettre toute la nation en suspicion, d'imaginer toutes sortes d'entraves, de formalités, toutes choses qui paralysent le travail et s'alimentent au budget.

Tel est notre système contributif. Nous n'avons aucun moyen d'exprimer en chiffres ses conséquences. Mais quand, d'un côté, on étudie ce mécanisme, et que, de l'autre, on constate dans une grande partie de notre population l'impuissance de consumer, n'est-il pas permis de se demander si ces deux faits ne sont pas entre eux dans les rapports de cause à effet ? N'est-il pas permis de se demander si nous relèverons ce pays-ci et ses finances en persévérant dans la même voie, à supposer même que la désaffection publique nous en laisse le temps ? Vraiment, il me semble que nous ressemblons un peu à un homme qui, étant sorti péniblement d'un abîme, où son imprudence l'a plusieurs fois jeté, n'imaginerait rien de mieux que de se placer au même point de départ, et de suivre, seulement avec un peu plus de précipitation, la même ornière.

En théorie, tout le monde conviendra que les taxes peuvent être portées à un tel degré d'exagération qu'il est impossible d'y rien ajouter, sans pétrifier la richesse générale, de manière à compromettre le trésor public lui-même. Cette éventualité théorique s'est manifestée en fait d'une façon si éclatante, dans un pays voisin, que je demande à m'étayer de cet exemple, puisque aussi bien, si le phénomène n'était pas reconnu possible, toute ma dissertation, aussi bien que toutes mes conclusions subséquentes, serait sans valeur et sans portée. Je sais qu'on n'est pas très-bien venu, en France, quand on cherche un enseignement dans l'expérience britannique ; nous aimons mieux faire les expériences à nos propres dépens. Mais je prie le lecteur de vouloir bien admettre pour un instant que, d'un côté de la Manche comme de l'autre, deux et deux font quatre.

Il y a quelques années, l'Angleterre se trouva, financièrement parlant, dans une situation fort analogue à celle où nous sommes. Pendant plusieurs années consécutives, chaque budget se réglait en déficit, si bien qu'il fallut songer à des moyens héroïques. Le premier qui se présenta à l'esprit des financiers, on le devine, ce fut d'augmenter les taxes. Le cabinet whig ne se mit pas en frais d'invention. Il se borna purement et simplement à décider qu'une surtaxe de 5 pour cent serait ajoutée aux impôts. Il raisonnait ainsi : « Si 100 schellings de taxes nous donnent 100 schellings de recettes, 105 schellings de taxes nous donneront 105 schellings de recettes ; ou du moins, car il faut prévoir une légère dépression de consommation, 104 1/2 ou 104 schellings. » Rien ne paraissait plus mathématiquement assuré. Cependant, au bout de l'an, on fut tout ébahi de n'avoir recouvré ni 105 ni 104, ni même 100, mais seulement 96 ou 97.

C'est alors que s'échappa des poitrines aristocratiques ce cri de douleur : « C'en est fait, nous ne pouvons plus ajouter une obole à notre liste civile. Nous sommes arrivés à la dernière limite de la taxation profitable[4]. Il n'y a plus de ressource pour nous, puisque imposer plus, c'est recevoir moins. »

Le cabinet whig fut renversé du coup. Il fallut bien éprouver d'autres habiletés. Sir Robert Peel se présenta. C'était certainement un financier pratique. Cela ne l'empêcha pas de faire ce raisonnement qui, sorti de mes lèvres novices, a paru subtil et peut-être absurde : « Puisque l'impôt a créé la misère des masses, et puisqu'à son tour la misère des masses a limité la productivité de l'impôt, c'est une conséquence rigoureuse, quoiqu'à physionomie paradoxale, que pour faire prospérer les taxes il les faut diminuer. Essayons donc si le fisc, qui a perdu à être trop avide, ne gagnera pas à se faire généreux. » La générosité dans le fisc ! certes, voilà une expérience toute nouvelle. Elle vaut bien la peine d'être étudiée. Messieurs les financiers ne seraient-ils pas bien heureux, s'ils venaient à découvrir que la générosité même peut être quelquefois lucrative ? Il est vrai qu'alors elle devrait s'appeler : intérêt bien entendu. Soit. Ne disputons pas sur les mots.

Donc, sir Robert Peel se mit à dégrever, dégrever, dégrever. Il laissa entrer le blé, le bétail, la laine, le beurre, malgré les clameurs des landlords, pensant, avec quelque apparence de raison, que le peuple n'est jamais mieux nourri que lorsqu'il y a beaucoup d'aliments dans le pays, proposition regardée ailleurs comme séditieuse. Savon, papier, drêche, sucre, café, coton, teintures, sel, poste, verre, acier, tout ce que le travailleur emploie ou consomme passa par la réforme.

Cependant, sir Robert, qui n'est pas un cerveau brûlé, savait bien que si un tel système, en provoquant la prospérité publique, doit réagir favorablement sur l'échiquier, ce ne peut être qu'à la longue. Or, les déficits, insuffisances, découverts, comme on voudra les appeler, étaient actuels et pressants. Abandonner, même provisoirement, une partie du revenu, c'eût été aggraver la situation, ébranler le crédit. Il y avait à traverser une période difficile, rendue plus difficile par l'entreprise elle-même. Aussi, diminuer l'impôt, ce n'était que la moitié du système de sir Robert, comme ce n'est que la moitié de celui que je propose en toute humilité. On a vu que le complément nécessaire du mien[5]consiste à diminuer les défenses dans une proportion supérieure. Le complément du système Peel se rapprochait plus des traditions financières et fiscales. Il songea à chercher une autre source de revenu, et l'income-tax fut décrété.

Ainsi, en face des déficits, la première pensée avait été d'aggraver l'impôt ; la seconde, de le transformer, de le demander à qui peut le payer. C'était un progrès. Pourquoi ne me ferais-je pas la douce idée que diminuer les dépensesserait un progrès plus décisif encore ?

Je suis forcé, malgré la lenteur que cela m'impose, d'examiner brièvement cette question : L'expérience britannique a-t-elle réussi ? J'y suis forcé, car à quoi servirait un exemple qui aurait échoué, si ce n'est à en éviter l'imitation ? Ce n'est certes pas la conclusion où j'ai voulu amener le lecteur.

Or, beaucoup de personnes affirment que l'entreprise de sir Robert Peel a été désastreuse ; et leur affirmation est d'autant plus spécieuse que, précisément à partir du jour où la réforme contributive a été inaugurée, une longue et terrible crise commerciale et financière est venue désoler la Grande-Bretagne.

Mais d'abord, je dois faire observer qu'alors même qu'on pourrait attribuer, en partie, les récents désastres industriels de l'Angleterre à la réforme de sir Robert Peel, on ne devrait pas en arguer contre celle que je propose, puisque ces deux réformes diffèrent par le point le plus capital. Ce qu'elles ont de commun, c'est ceci : chercher l'accroissement ultérieur des recettes dans la prospérité des masses, c'est-à-dire dans l'adoucissement de l'impôt quant à son chiffre. Ce qu'elles ont de différent, c'est ceci : Sir Robert Peel s'est ménagé les moyens de traverser les difficultés de la transition, par l'établissement d'un nouvel impôt. Ces moyens, je les demande à une profonde réduction de dépenses. Sir Robert fut si loin de diriger ses idées de ce côté que, dans le même document où il exposa devant l'Angleterre attentive son plan financier, il réclamait, pour le développement des forces militaires et navales, une augmentation considérable de subsides.

Or, puisque les deux systèmes, dans la première partie, se confondent en ce qu'ils aspirent à fonder à la longue la prospérité du trésor public sur le soulagement des classes travailleuses, n'est il pas évident que la réduction des dépenses ou le dégrèvement pur et simple est plus en harmonie avec cette pensée que le déplacement de la taxe ?

Je ne puis m'empêcher de croire que le second membre du système de Peel était de nature à contrarier le premier. C'est sans doute un bien immense que de mieux répartir les taxes. Mais enfin, quand on connaît un peu ces matières, quand on a étudié le mécanisme naturel des impôts, leurs ricochets, leurs contre-coups, on sait bien que ce que le fisc demande à une classe est payé en grande partie par une autre. Il n'est pas possible que les travailleurs anglais n'aient été atteints directement ou indirectement par l'income-tax. Ainsi, en les soulageant d'un côté, on les a, dans une mesure quelconque, frappés de l'autre.

Mais laissons de côté ces considérations, et examinons s'il est possible, en présence des faits éclatants qui expliquent d'une manière si naturelle la crise anglaise, de l'attribuer à la réforme. L'éternel sophisme des gens décidés à incriminer une chose, c'est de lui attribuer tous les maux qui surviennent dans le monde. Post hoc, ergo propter hoc. L'idée préconçue est et sera toujours le fléau du raisonnement, car, par sa nature, elle fuit la vérité quand elle a la douleur de l'entrevoir.

L'Angleterre a eu d'autres crises commerciales que celle qu'elle vient de traverser. Toutes s'expliquent par des causes palpables. Une fois elle fut saisie d'une fièvre de spéculations mal conçues. D'immenses capitaux, désertant la production, prirent la route des emprunts américains et des mines de métaux précieux. Il en résulta une grande perturbation dans l'industrie et les finances. - Une autre fois, c'est la récolte qui est emportée, et il est facile d'apprécier les conséquences. Quand une portion considérable du travail de tout un peuple a été dirigée vers la création de sa propre subsistance, quand on a labouré, hersé, semé et arrosé, pendant un an, la terre de sueurs pour faire germer les moissons, si, au moment d'être recueillie, elles sont détruites par un fléau, le peuple est dans l'alternative ou de mourir de faim, ou de faire venir inopinément, rapidement des masses énormes de substances alimentaires. Il faut que toutes les opérations ordinaires de l'industrie soient interrompues, pour que les capitaux qu'elles occupaient fassent tête à cette opération gigantesque, inattendue et irrémissible. Que de forces perdues ! que de valeurs détruites ! et comment n'en résulterait-il pas une crise ? - Elle se manifeste encore quand la récolte du coton vient à manquer aux États-Unis, par la simple raison que les fabriques ne peuvent être aussi activement occupées quand elles manquent de coton que lorsqu'elles n'en manquent pas ; et ce n'est jamais impunément que la stagnation s'étend sur les districts manufacturiers de la Grande-Bretagne. - Des insurrections en Irlande, des troubles sur le continent, qui viennent interrompre le commerce britannique et diminuer dans sa clientèle la puissance de consommation, ce sont encore des causes évidentes de gêne, d'embarras et de perturbations financières.

L'histoire industrielle de l'Angleterre nous apprend qu'une seule de ces causes a toujours suffi pour déterminer une crise dans ce pays.

Or, il est arrivé que, juste au moment où sir Robert Peel a introduit la Réforme, tous ces fléaux à la fois, et à un degré d'intensité jusqu'alors inconnu, sont venus fondre sur l'Angleterre.

Il en est résulté, pour le peuple, de grandes souffrances, et aussitôt l'Idée préconçue de s'écrier : Vous le voyez, c'est la Réforme qui écrase le peuple !

Mais, je le demande : Est-ce donc la Réforme financière et commerciale qui a amené deux pertes successives de récolte en 1845 et 1846, et forcé l'Angleterre à dépenser deux milliards pour remplacer le blé perdu ?

Est-ce la Réforme financière et commerciale qui a causé la destruction de la pomme de terre en Irlande, pendant quatre années, et forcé l'Angleterre de nourrir, à ses frais, tout un peuple affamé ?

Est-ce la Réforme financière et commerciale qui a fait avorter le coton deux années de suite en Amérique, et croit-on que le maintien de la taxe à l'entrée eut été un remède efficace ?

Est-ce la Réforme financière et commerciale qui a fait naître et développé le Railway-mania, et soustrait brusquement deux ou trois milliards au travail productif et accoutumé, pour les jeter dans des entreprises qu'on ne peut terminer ; folie, qui, d'après tous les observateurs, a fait plus de mal actuel que tous les autres fléaux réunis ?

Est-ce la Réforme financière et commerciale qui a allumé sur le continent le feu des révolutions, et diminué l'absorption de tous les produits britanniques ?

Ah ! quand je songe à cette combinaison inouïe d'agents destructeurs coopérant dans le même sens ; à ce tissu serré de calamités de toutes sortes accumulées, par une fatalité sans précédents, sur une époque déterminée, je ne puis m'empêcher de conclure juste au rebours de l'Idée préconçue, et je me demande : Que serait-il advenu de l'Angleterre, de sa puissance, de sa grandeur, de sa richesse, si la Providence n'avait suscité un homme au moment précis et solennel ? Tout n'eût-il pas été emporté dans une effroyable convulsion ? Oui, je le crois sincèrement, la Réforme qu'on accuse des maux de l'Angleterre les a neutralisés en partie. Et le peuple anglais le comprend, car, bien que la partie la plus délicate de cette réforme, le Libre-Échange, ait été soumis, dès son avènement, aux épreuves les plus rudes et les plus inattendues, la foi populaire n'en a pas été ébranlée et, au moment où j'écris, l'œuvre commencée se poursuit et marche vers son glorieux accomplissement.

Repassons donc le Détroit, et que la confiance nous accompagne ; il n'y a pas lieu de la laisser de l'autre côté de la Manche.

Nous sommes au budget des Recettes. L'Assemblée a déjà dégrévé le sel et le port des lettres. Dans mon opinion, elle doit agir de même pour les boissons. Sur cet article, je pense que l'État devrait consentir à perdre cinquante millions. Il faudrait, autant que possible, distribuer la taxe restante sur la totalité des vins consommés. On comprend que trente à quarante millions, répartis sur quarante-cinq millions d'hectolitres, seraient beaucoup plus faciles à payer que cent millions accumulés sur une quantité trois fois moindre. Il faudrait aussi diminuer les frais et surtout les entraves qu'entraîne le mode actuel de perception.

L'État devra consentir encore à baisser considérablement les droits sur le sucre et le café. L'accroissement de consommation résoudra à la fois la question fiscale et la question coloniale.

Une autre grande et populaire mesure serait l'abolition de l'octroi. À ce sujet, j'ai été frappé du parti que l'on pourrait tirer d'un avis ouvert par M. Guichard. Tout le monde reconnaît qu'une taxe sur le revenu serait juste et conforme aux vrais principes. Si l'on recule, c'est devant les difficultés d'exécution. On redoute pour l'État, et je crois avec raison, la lourde responsabilité que feraient peser sur lui les investigations importunes dont cet impôt paraît inséparable. Il n'est pas bon que le gouvernement républicain se montre au contribuable sous la figure d'un avide inquisiteur. Dans la Commune, les fortunes se connaissent. Elles s'y peuvent apprécier en famille, et si on lui donnait la faculté d'établir l'impôt du revenu dans le but précis de remplacer l'octroi, il est vraisemblable que cette transformation, fondée sur la justice, serait favorablement accueillie. À la longue, la France se préparerait ainsi le cadastre des fortunes mobilières et les moyens de faire entrer dans la voie de la vérité son système contributif. Je ne pense pas qu'une telle mesure, qui aurait encore l'avantage de commencer la décentralisation, soit au-dessus d'un homme d'État habile. Elle n'eût certes pas fait reculer Napoléon.

Je suis forcé de dire un mot de la douane ; et, pour me mettre à l'abri des préventions que je vois d'ici s'éveiller, je ne la considérerai qu'au point de vue fiscal, puisque aussi bien il ne s'agit que du budget. Ce n'est pas que je ne sois fortement tenté de faire une pointe dans le Libre-Échange ; mais ne me comparera-t-on pas à ce brave général, célèbre par sa prédilection pour l'hippiatrique ? À quelque point de l'horizon intellectuel que vous placiez le point de départ de la conversation, chimie, physique, astronomie, musique ou marine, vous le verrez bientôt enfourcher le cheval de selle, et vous serez bien forcé de monter en croupe après lui. Nous avons tous une idée chérie, un dada, en style shandyen. Mon idée chérie, pourquoi ne l'avouerais-je pas ? c'est la liberté ; et s'il m'arrive de défendre plus particulièrement la liberté d'échanger, c'est qu'elle est, de toutes, la plus méconnue et la plus compromise.

Examinons donc la douane au point de vue fiscal, et que le lecteur me pardonne si, m'échappant par la tangente, j'effleure quelque peu la question de droit, de propriété, de liberté.

Un des plus sincères et des plus habiles protectionnistes de ce pays, M. Ferrier, avouait que, si l'on voulait conserver à la douane le caractère fiscal, on en pourrait tirer le double de revenu pour le Trésor. Elle donne environ cent millions ; donc, indépendamment de la charge que la protection nous impose comme consommateurs, elle nous fait perdre cent millions comme contribuables. Car il est bien clair que ce que le fisc refuse de recouvrer par la douane, il faut qu'il le demande à d'autre impôts. Ce mécanisme vaut la peine d'être scruté.

Supposons que le Trésor a besoin de 100 : Supposons encore que, si le fer étranger pouvait entrer moyennant un droit raisonnable, il fournît 5 au revenu. Mais une classe d'industriels représente qu'elle a avantage à ce que le fer étranger n'entre pas. La loi, prenant son parti, décrète la prohibition, ou, ce qui revient au même, un droit prohibitif. En conséquence, toute occasion de perception est volontairement sacrifiée. Les 5 ne rentrent pas ; et le Trésor n'a que 95. Mais comme nous avons admis qu'il a besoin de 100, nous devons bien consentir à ce qu'il nous prenne 5 de quelque autre manière, par le sel, par la poste ou par le tabac.

Et ce qui se passe pour le fer se reproduit à propos de tous les objets de consommation imaginables.

Quelle est donc, en présence de ce bizarre régime, la condition duconsommateur-contribuable ?

La voici.

1° Il paie un impôt considérable destiné à entretenir une vaste armée à la frontière, armée qui est placée là, à l'instigation, pour compte, et au profit du maître de forges ou tout autre privilégié dont elle fait les affaires.

2° Il paie le fer au-dessus de son prix naturel.

3° Il lui est défendu de faire la chose contre laquelle l'étranger lui aurait livré son fer ; car empêcher une valeur d'entrer, c'est empêcher, du même coup, une autre valeur de sortir.

4° Il paie un impôt pour combler le vide du Trésor ; car prévenir une importation, c'est prévenir une perception, et, les besoins du fisc étant donnés, si une perception manque, il faut bien la remplacer par une autre.

Voilà, certes, pour le consommateur-contribuable, une position singulière. Est-elle plus malheureuse que ridicule ou plus ridicule que malheureuse ? On pourrait être embarrassé pour répondre.

Et tout cela pourquoi ? Pour qu'un maître de forges ne tire de son travail et de son capital aucun profit extraordinaire, mais seulement pour qu'il soit en mesure de s'attaquer à de plus grandes difficultés de production !

Quand donc se décidera-t-on, en ces matières, par la considération du grand nombre et non du petit nombre ? L'intérêt du grand nombre, voilà la règle économique qui n'égare jamais, car elle se confond avec la justice.

Il faut bien convenir d'une chose : c'est que, pour que la protection fût juste, sans cesser d'être désastreuse, il faudrait au moins qu'elle fût égale pour tous. Or, cela est-il même abstractivement possible ?

Les hommes échangent entre eux ou des produits contre des produits, ou des produits contre des services, ou des services contre des services. Même, comme les produits n'ont de valeur qu'à cause des services dont ils sont l'occasion, on peut affirmer que tout se réduit à une mutualité de services.

Or, la douane ne peut évidemment protéger que ce genre de services dont la valeur s'est incorporée dans un produit matériel, susceptible d'être arrêté ou saisi à la frontière. Elle est radicalement impuissante à protéger, en en élevant la valeur, les services directs rendus par le médecin, l'avocat, le prêtre, le magistrat, le militaire, le négociant, l'homme de lettres, l'artiste, l'artisan, ce qui constitue déjà une partie notable de la population. Elle est également impuissante à protéger l'homme qui loue son travail, car celui-ci ne vend pas des produits, mais rend des services. Voilà donc encore tous les ouvriers et journaliers exclus des prétendus avantages de la protection. Mais si la protection ne leur profite pas, elle leur nuit ; et, ici, il faut bien découvrir le contrecoup dont doivent se ressentir les protégés eux-mêmes.

Les deux seules classes protégées, et cela dans une mesure fort inégale, ce sont les manufacturiers et les agriculteurs. Ces deux classes voient une providence dans la douane, et cependant nous sommes témoins qu'elles ne cessent de gémir sur leur détresse. Il faut bien que la protection n'ait pas eu à leur égard toute l'efficacité qu'elles en attendaient. Qui osera dire que l'agriculture et les manufactures sont plus prospères dans les pays les plus protégés, comme la France, l'Espagne, les États Romains, que chez les peuples qui ont fait moins bon marché de leur liberté, comme les Suisses, les Anglais, les Belges, les Hollandais, les Toscans ?

C'est qu'il se passe, relativement à la protection, quelque chose d'analogue ou plutôt d'identique à ce que nous avons constaté tout à l'heure pour l'impôt. Comme il y a une limite à la taxation profitable, il y en a une à la protection profitable. Cette limite, c'est l'anéantissement de la faculté de consommer, anéantissement qui tend à amener la protection de même que l'impôt. Le fisc prospère par la prospérité des contribuables. De même, une industrie ne vautque par la richesse de sa clientèle. Il suit de là que, lorsque le fisc ou le monopole cherchent leur développement dans des moyens qui ont pour effet nécessaire de ruiner le consommateur, l'un et l'autre entrent dans le même cercle vicieux. Il arrive un moment où plus ils renforcent le chiffre de la taxe, plus ils affaiblissent celui de la recette. Les protégés ne peuvent se rendre compte de l'état de dépression qui pèse sur leur industrie, malgré les faveurs du régime prohibitif. Comme le fisc, ils cherchent le remède dans l'exagération de ce régime. Qu'ils se demandent donc enfin si ce ne sont pas ces faveurs mêmes qui les oppriment. Qu'ils contemplent la moitié, les deux tiers de notre population réduite, par l'effet de ces injustes faveurs, à se priver de fer, de viande, de drap, de blé, à construire des charrues avec des branches de saule, à se vêtir de bure, à se nourrir de millet, comme les oiseaux, ou de châtaignes, comme des créatures moins poétiques[6] !

Puisque je me suis laissé entraîner à cette dissertation, qu'il me soit permis de la terminer par une espèce d'apologue.

Il y avait, dans un parc royal, une multitude de petites pièces d'eau, toutes mises en communication les unes avec les autres par des conduits souterrains, de telle sorte que l'eau avait une tendance invincible à s'y établir dans un parfait niveau. Ces réservoirs étaient alimentés par un grand canal. L'un d'eux, quelque peu ambitieux, voulut attirer vers lui une grande partie de l'approvisionnement destiné à tous. Il n'y aurait pas eu grand mal, à cause de l'inévitable nivellement qui devait suivre la tentative, si le moyen imaginé par l'avide et imprudent réservoir n'avait entraîné une déperdition nécessaire de liquide, dans le canal d'alimentation. On devine ce qui arriva. Le niveau baissa partout, même dans le réservoir favorisé. Il se disait, car dans les apologues il n'y a rien qui ne parle, même les réservoirs : « C'est singulier ; j'attire à moi plus d'eau qu'autrefois ; je réussis pendant un moment imperceptible à me tenir au-dessus du niveau de mes frères, et cependant, je vois avec douleur que nous marchons tous, moi comme les autres, vers la complète siccité. » Ce réservoir-là, aussi ignorant sans doute en hydraulique qu'en morale, fermait les yeux à deux circonstances : l'une, c'est la communication souterraine de tous les réservoirs entre eux, obstacle invincible à ce qu'il profitât d'une manière exclusive et permanente de son injustice ; l'autre, la déperdition générale de liquide inhérente au moyen imaginé par lui, et qui devait amener fatalement une dépression générale et continue du niveau.

Or, je dis que l'ordre social présente aussi ces deux circonstances et qu'on raisonne mal, si l'on n'en tient compte. Il y a d'abord entre toutes les industries des communications cachées, des transmissions de travail et de capital, qui ne permettent pas à l'une d'elles d'élever son niveau normal au-dessus des autres d'une manière permanente. Il y a ensuite, dans le moyen imaginé pour réaliser l'injustice, c'est-à-dire dans la protection, ce vice radical qu'elle implique une perte définitive de richesse totale ; et, de ces deux circonstances, il suit que le niveau du bien-être baisse partout, même au sein des industries protégées, comme celui de l'eau, même au sein de l'avide et stupide réservoir.

Je savais bien que le Libre-Échange m'entraînerait hors de ma voie. Passion ! passion ! ton empire est irrésistible ! Mais revenons au fisc.

Je dirai aux protectionistes : ne consentirez-vous pas, en vue des nécessités impérieuses de la République, à mettre quelque borne à votre avidité ? Quoi ! quand le Trésor est aux abois, quand la banqueroute menace d'engloutir votre fortune et votre sécurité, quand la douane nous offre une planche de salut vraiment providentielle, quand elle peut remplir les caisses publiques sans nuire aux masses, mais au contraire en les soulageant du poids qui les opprime, serez-vous inflexibles dans votre égoïsme ? Vous devriez, de vous-mêmes, dans ce moment solennel et décisif, faire sur l'autel de la patrie le sacrifice, - ce que vous appelez et ce que très-sincèrement vous croyez être - le sacrifice d'une partie de vos priviléges. Vous en seriez récompensés par l'estime publique, et, j'ose le prédire, la prospérité matérielle vous serait donnée par surcroît.

Est-ce donc trop exiger que de vous demander de substituer aux prohibitions, devenues incompatibles avec notre loi constitutionnelle, des droits de 20 à 30 pour cent ? une réduction de moitié au tarif du fer et de l'acier, ces muscles du travail ; de la houille, ce pain de l'industrie ; de la laine, du lin, du coton, ces matériaux de la main-d'œuvre ; du blé et de la viande, ces principes de force et de vie ?

Mais je vois que vous devenez raisonnables[7] ; vous accueillez mon humble requête, et nous pouvons maintenant jeter un coup d'œil, tant moral que financier, sur notre budget vraiment rectifié.

Voilà d'abord bien des choses devenues enfin accessibles aux mains ou aux lèvres du peuple : le sel, le port des lettres, les boissons, le sucre, le café, le fer, l'acier, le combustible, la laine, le lin, le coton, la viande et le pain ! Si l'on ajoute à cela l'abolition de l'octroi, la profonde modification, sinon l'abolition complète de cette terrible loi du recrutement, terreur et fléau de nos campagnes ; je le demande, la République n'aura-t-elle pas enfoncé ses racines dans toutes les fibres des sympathies populaires ? Sera-t-il facile de l'ébranler ? Faudra-t-il cinq cent mille baïonnettes pour être l'effroi des partis... ou leur espérance ? Ne serons-nous pas à l'abri de ces commotions effroyables, dont il semble que l'air même soit maintenant chargé ? Ne pourrons-nous pas concevoir l'espoir fondé que le sentiment du bien-être, et la conscience que le pouvoir est enfin entré résolûment dans la voie de la justice, fasse renaître le travail, la confiance, la sécurité et le crédit ? Est-il chimérique de penser que ces causes bienfaisantes réagiront sur nos finances plus sûrement que ne pourrait le faire un surcroît de taxes et d'entraves ?

Et quant à notre situation financière actuelle et immédiate, voyons comment elle sera affectée.

Voici les réductions résultant du système proposé :

2
millions, poste.

45
millions, sel.

50
millions, boissons.

33
millions, sucre et café, ci...
130,000,000

Ce n'est pas trop se flatter que d'attendre 30 millions de plus par l'accroissement de la consommation générale et par le caractère fiscal rendu à la douane, ci, à déduire...
30,000,000
fr.

Total de la perte de revenu provenant de la réforme...
100,000,000
fr.

- Perte qui doit diminuer, par sa nature, d'année en année.

Diminuer les impôts (ce qui ne veut pas toujours dire diminuer les recettes), voilà donc la première moitié du programme financier républicain. - Vous dites : en face du déficit, cela est bien hardi. Et moi je réponds : non, ce n'est pas hardiesse, c'est prudence. Ce qui est hardi, ce qui est téméraire, ce qui est insensé, c'est de persévérer dans la voie qui nous a rapprochés de l'abîme. Et voyez où vous en êtes ! Vous ne l'avez pas caché : l'impôt indirect vous donne des inquiétudes, et quant à l'impôt direct lui-même, vous ne comptez sur son recouvrement qu'à la condition d'y employer des colonnes mobiles. Sommes-nous donc sur la terre des miri et des razzias ? Comment les choses n'en seraient-elles pas arrivées là ? - Voilà cent hommes ; ils se soumettent à une cotisation afin de constituer, pour leur sûreté, une force commune. Peu à peu, on détourne cette force commune de sa destination et on met à sa charge une foule d'attributions irrationnelles. Par ce fait, le nombre des hommes qui vivent sur la cotisation s'accroît, la cotisation elle-même grossit et le nombre des cotisés diminue. Le mécontentement, la désaffection s'en mêlent, et que va-t-on faire ? rendre la force commune à sa destination ? Ce serait trop vulgaire, et, dit-on, trop hardi. Nos hommes d'État sont plus avisés ; ils imaginent de diminuer encore le nombre des payants pour augmenter celui des payés ; il nous faut de nouvelles taxes, disent-ils, pour entretenir des colonnes mobiles, et des colonnes mobiles pour recouvrer les nouvelles taxes ! - Et l'on ne veut pas voir là un cercle vicieux ! - Nous arriverons ainsi à ce beau résultat, que la moitié des citoyens sera occupée à comprimer et rançonner l'autre moitié. Voilà ce qu'on appelle de la politique sage et pratique. Tout le reste n'est qu'utopie. Donnez-nous encore quelques années, disent les financiers, laissez-nous pousser à bout le système, et vous verrez que nous arriverons enfin à ce fameux équilibre, que nous poursuivons depuis si longtemps, et qu'ont dérangé précisément ces procédés que, depuis vingt ans, nous mettons en œuvre.

Il n'est donc pas si paradoxal qu'il le semble, au premier coup d'œil, de prendre la marche inverse, et de chercher l'équilibre dans l'allégement des taxes. Est-ce que l'équilibre méritera moins ce nom, parce qu'au lieu de le chercher à 1500 millions on rencontrera à 1200 ?

Mais cette première partie du programme républicain appelle impérieusement son complément nécessaire : la diminution des dépenses. Sans ce complément, le système est une utopie, j'en conviens. Avec ce complément, je défie qui que ce soit, sauf les intéressés, d'oser dire qu'il ne va pas droit au but, et par le chemin le moins périlleux.

J'ajoute que la diminution des dépenses doit être supérieure à celle des recettes ; sans cela on courrait en vain après le nivellement.

Enfin, il faut bien le dire, un ensemble de mesures ainsi compris ne peut donner, dans un seul exercice, tous les résultats qu'on a droit d'en attendre.

On a vu, quant aux recettes, que, pour mettre en elles cette force de croissance qui a son principe dans la prospérité générale, il fallait commencer par les faire reculer. C'est dire que le temps est nécessaire au développement de cette force.

Il en est ainsi des dépenses ; leur réduction ne peut être que progressive. En voici une raison, entre autres.

Quand un gouvernement a porté ses frais à un chiffre exagéré et accablant, cela signifie, en d'autres termes, que beaucoup d'existences sont attachées à ses prodigalités et s'en nourrissent. L'idée de réaliser des économies sans froisser personne implique contradiction. Arguer de ces souffrances contre la réforme qui les implique nécessairement, c'est opposer une fin de non-recevoir radicale à tout acte réparateur, c'est dire : « Par cela même qu'une injustice s'est introduite dans le monde, il est bon qu'elle s'y perpétue à jamais. » - Éternel sophisme des adorateurs des abus.

Mais de ce que des souffrances individuelles sont la conséquence forcée de toute réforme, il ne s'ensuit pas qu'il ne soit du devoir du législateur de les adoucir autant qu'il est en lui. Je ne suis pas, quant à moi, de ceux qui admettent que quand un membre de la société a été par elle attiré vers une carrière, quand il y a vieilli, quand il s'en est fait une spécialité, quand il est incapable de demander à toute autre occupation des moyens d'existence, elle le puisse jeter, sans feu ni lieu, sur la place publique. Toute suppression d'emploi grève donc la société d'une charge temporaire commandée par l'humanité et, selon moi, par la stricte justice.

Il suit de là que les modifications apportées au budget des dépenses, non plus que celles introduites au budget des recettes, ne peuvent produire immédiatement leurs résultats ; ce sont des germes dont la nature est de se développer, et le système complet implique que les dépenses décroîtront d'année en année avec les extinctions, que les recettes grossiront d'année en année parallèlement à la prospérité générale, de telle sorte que le résultat final doit être l'équilibre ou quelque chose de mieux.

Quant à la prétendue désaffection qui pourrait se manifester, dans la classe si nombreuse des fonctionnaires, j'avoue qu'avec les tempéraments auxquels je viens de faire allusion, je ne la crains pas. Le scrupule est d'ailleurs singulier. Il n'a jamais arrêté, que je sache, les destitutions en masse après chaque révolution. Et pourtant, quelle différence ! chasser un employé pour donner sa place à un autre, c'est plus que froisser ses intérêts, c'est blesser en lui la dignité et le sentiment énergique du droit. Mais quand une révocation, d'ailleurs équitablement ménagée, résulte d'une suppression d'emploi, elle peut nuire encore, elle n'irrite pas. La blessure est moins vive, et celui qu'elle atteint se console par la considération d'un avantage public.

J'avais besoin de soumettre ces réflexions au lecteur au moment de parler de réformes profondes, qui entraînent de toute nécessité la mise en disponibilité de beaucoup de nos concitoyens.

Je renonce à passer en revue tous les articles de dépenses sur lesquels il me paraîtrait utile et politique de faire des retranchements. Le budget c'est toute la politique. Il s'enfle ou diminue selon que l'Opinion publique exige plus ou moins de l'État. À quoi servirait de montrer que la suppression de tel service gouvernemental entraîne telle économie importante, si le contribuable lui-même préfère le service à l'économie ? Il y a des réformes qui doivent être précédées de longs débats, d'une lente élaboration de l'opinion publique ; et je ne vois pas pourquoi je m'engagerais dans une voie où il est certain qu'elle ne me suivrait pas. Aujourd'hui même, l'Assemblée nationale a décidé qu'elle ferait le premier budget républicain. Elle n'a plus pour cette œuvre qu'un temps limité et fort court. En vue de signaler une réforme immédiatement praticable, je dois me détourner des considérations générales et philosophiques qu'il était d'abord dans ma pensée de soumettre au lecteur. Je me bornerai à les indiquer.

Ce qui rejette dans un avenir éloigné toute réforme financière radicale, c'est qu'en France on n'aime pas la Liberté ; on n'aime pas à se sentir responsable de soi-même, on n'a pas confiance en sa propre énergie, on n'est un peu rassuré que lorsqu'on sent de toutes parts l'impression des lisières gouvernementales ; - et ce sont justement ces lisières qui coûtent cher.

Si, par exemple, on avait foi dans la liberté de l'enseignement, qu'y aurait-il à faire, sinon à supprimer le budget de l'instruction publique ?

Si l'on tenait véritablement à la liberté de conscience, comment la réaliserait-on autrement qu'en supprimant le budget des cultes[8] ?

Si l'on comprenait que l'agriculture se perfectionne par les agriculteurs, et le commerce par les commerçants, on arriverait à cette conclusion : le budget de l'agriculture et du commerce est une superfétation, que les peuples les plus avancés ont soin de ne pas s'infliger.

Que si, sur quelques points, comme pour la surveillance, l'État a nécessairement à intervenir en matière d'instruction, de cultes, de commerce, une Division de plus au ministère de l'Intérieur y suffirait ; il ne faut pas trois Ministères pour cela.

Ainsi, la liberté, voilà la première et la plus féconde source des économies.

Mais cette source n'est pas faite pour nos lèvres. Pourquoi ? Uniquement parce que l'Opinion la repousse[9].

Nos enfants continueront donc, sous le monopole universitaire, à s'abreuver de fausses idées grecques et romaines, à s'imprégner de l'esprit guerrier et révolutionnaire des auteurs latins, à scander les vers licencieux d'Horace, à se rendre impropres à la vie des sociétés modernes ; nous continuerons à n'être pas libres, et par conséquent à payer notre servitude, car les peuples ne peuvent être tenus dans la servitude qu'à gros frais.

Nous continuerons à voir l'agriculture et le commerce languir et succomber sous l'étreinte de nos lois restrictives ; et, de plus, à payer la dépense de cette torpeur, car les entraves, les réglementations, les formalités inutiles, tout cela ne peut être mis en œuvre que par des agents de la force publique, et les agents de la force publique ne peuvent vivre que sur le budget.

Et le mal, il faut bien le répéter, est sans remède actuellement applicable, puisque l'opinion attribue à l'oppression tout le développement intellectuel et industriel que cette oppression ne parvient pas à étouffer.

Une idée aussi bizarre que funeste s'est emparée des esprits. Quand il s'agit de politique, on suppose que le moteur social, si je puis m'exprimer ainsi, est dans les intérêts et les opinions individuelles. On s'attache à l'axiome de Rousseau : La volonté générale ne peut errer. Et, sur ce principe, on décrète avec enthousiasme le suffrage universel.

Mais, à tous les autres points de vue, on adopte justement l'hypothèse contraire. On n'admet pas que le mobile du progrès soit dans l'individualité, dans son aspiration naturelle vers le bien-être, aspiration de plus en plus éclairée par l'intelligence et guidée par l'expérience. Non. On part de cette donnée que l'humanité est partagée en deux : D'un côté, il y a les individus inertes, privés de tout ressort, de tout principe progressif, ou obéissant à des impulsions dépravées qui, abandonnées à elles-mêmes, tendent invinciblement vers le mal absolu ; de l'autre, il y a l'être collectif, la force commune, le gouvernement, en un mot, auquel on attribue la science infuse, la naturelle passion du bien, et la mission de changer la direction des tendances individuelles. On suppose que, s'ils étaient libres, les hommes s'abstiendraient de toute instruction, de toute religion, de toute industrie, ou, qui pis est, qu'ils rechercheraient l'instruction pour arriver à l'erreur, la religion pour aboutir à l'athéisme, et le travail pour consommer leur ruine. Cela posé, il faut que les individualités se soumettent à l'action réglementaire de l'être collectif, qui n'est pourtant autre chose que la réunion de ces individualités elles-mêmes. Or, je le demande, si les penchants naturels de toutes les fractions tendent au mal, comment les penchants naturels de l'entier tendent-ils au bien ? Si toutes les forces natives de l'homme se dirigent vers le néant, - où le gouvernement, qui est composé d'hommes, prendra-t-il son point d'appui pour changer cette direction[10] ?

Quoi qu'il en soit, tant que cette bizarre théorie prévaudra, il faudra renoncer à la liberté et aux économies qui en découlent. Il faut bien payer ses chaînes quand on les aime, car L'État ne nous donne jamais rien gratis, pas même des fers.

Le budget n'est pas seulement toute la Politique, il est encore, à bien des égards, la Morale du peuple. C'est le miroir où, comme Renaud, nous pourrions voir l'image et le châtiment de nos préjugés, de nos vices et de nos folles prétentions. Ici encore, il y a des torrents de mauvaises dépenses que nous sommes réduits à laisser couler, car elles ont pour cause des penchants auxquels nous ne sommes pas prêts à renoncer ; et quoi de plus vain que de vouloir neutraliser l'effet tant que la cause subsiste ? Je citerai, entre autres, ce que je ne crains pas d'appeler, quoique le mot soit dur, l'esprit de mendicité, qui a envahi toutes les classes, celle des riches comme celle des pauvres[11].

Assurément, dans le cercle des relations privées, le caractère français n'a pas de comparaison à redouter, en ce qui concerne l'indépendance et la fierté. À Dieu ne plaise que je diffame mon pays, encore moins que je le calomnie. Mais je ne sais comment il s'est fait que les mêmes hommes qui, même pressés par la détresse, rougiraient de tendre la main vers leurs semblables, perdent tout scrupule, pourvu que l'État intervienne et voile aux yeux de la conscience la bassesse d'un tel acte. Dès que la requête ne s'adresse pas à la libéralité individuelle, dès que l'État se fait l'intermédiaire de l'œuvre, il semble que la dignité du solliciteur soit à couvert, que la mendicité ne soit plus une honte ni la spoliation une injustice. Agriculteurs, manufacturiers, négociants, armateurs, artistes, chanteurs, danseurs, hommes de lettres, fonctionnaires de tout ordre, entrepreneurs, fournisseurs, banquiers, tout le monde demande, en France, et tout le monde s'adresse au budget. Et voici que le peuple, en masse, s'est mis de la partie. L'un veut des places, l'autre des pensions, celui-ci des primes, celui-là des subventions, ce cinquième des encouragements, ce sixième des restrictions, ce septième du crédit, ce huitième du travail. La société tout entière se soulève pour arracher, sous une forme ou sous une autre, une part au budget ; et, dans sa fièvre californienne, elle oublie que le budget n'est pas un Sacramento où la nature a déposé de l'or, mais qu'il n'en contient que ce que cette société quêteuse elle-même y a versé. Elle oublie que la générosité du pouvoir ne peut jamais égaler son avidité, puisque, sur ce fonds de largesses, il faut bien qu'il retienne de quoi payer le double service de la perception et de la distribution.

Afin de donner à ces dispositions, quelque peu abjectes, l'autorité et le vernis d'un Système, on les a rattachées à ce qu'on nomme le principe de laSolidarité, mot qui, ainsi entendu, ne signifie autre chose que l'effort de tous les citoyens pour se dépouiller les uns les autres, par l'intervention coûteuse de l'État. Or, on comprend qu'une fois que l'esprit de mendicité devient système et presque science, en fait d'institutions ruineuses, l'imagination n'a plus de bornes.

Mais, j'en conviens, il n'y a rien à faire en ce moment de ce côté, et je termine par cette question : Pense-t-on que l'esprit de mendicité, quand il est porté au point de pousser toute la nation au pillage du budget, ne compromette pas plus encore la sécurité que la fortune publique ?

Par la même cause, une autre économie considérable nous est encore invinciblement interdite. Je veux parler de l'Algérie. Il faut s'incliner et payer, jusqu'à ce que la nation ait compris que transporter cent hommes dans une colonie, et y transporter du même coup dix fois le capital qui les ferait vivre en France, ce n'est soulager personne mais grever tout le monde.

Cherchons donc ailleurs les moyens de salut.

Le lecteur voudra bien reconnaître que, pour un utopiste, je suis de bonne composition en fait de retranchements. J'en passe, et des meilleurs.Restrictions à toutes nos plus précieuses libertés, manie des sollicitations, infatuation d'une funeste conquête, j'ai tout concédé à l'Opinion. Qu'elle me permette de prendre ma revanche et d'être quelque peu radical, en fait de politique extérieure.

Car enfin, si elle prétend fermer l'accès à toute réforme, si elle est décidée d'avance à maintenir tout ce qui est, à n'admettre aucun changement sur quoi que ce soit qui concerne nos dépenses, alors tout mon système croule, tous les plans financiers sont impuissants ; il ne nous reste autre chose à faire que de laisser le peuple fléchir sous le poids des taxes, et marcher tête baissée vers la banqueroute, les révolutions, la désorganisation et la guerre sociale.

En abordant notre politique extérieure, je commencerai par établir nettement ces deux propositions, hors desquelles, j'ose le dire, il n'y a pas de salut.

1° Le développement de la force brutale n'est pas nécessaire et est nuisible à l'influence de la France.

2° Le développement de la force brutale n'est pas nécessaire et est nuisible à notre sécurité extérieure ou intérieure.

De ces deux propositions, il en sort, comme conséquence, une troisième, et c'est celle-ci :

Il faut désarmer sur terre et sur mer, et cela au plus tôt.

Faux patriotes ! donnez-vous-en à cœur joie. Un jour vous m'appelâtestraître, parce que je demandais la Liberté ; que sera-ce aujourd'hui que j'invoque la Paix[12] ?

Ici encore, on rencontre, comme obstacle, au premier chef, l'opinion publique. Elle a été saturée de ces mots : grandeur nationale, puissance, influence, prépondérance, prépotence ; on lui répète sans cesse qu'elle ne doit pas déchoir du rang qu'elle occupe parmi les nations ; après avoir parlé à son orgueil, on s'adresse à son intérêt. On lui dit qu'il faut manifester les signes de la force pour appuyer d'utiles négociations ; qu'il faut promener sur toutes les mers le pavillon français pour protéger notre commerce et commander les marchés lointains.

Qu'est-ce que tout cela ? Ballon gonflé, qu'un coup d'épingle suffit à détendre.

Où est aujourd'hui l'influence ? Est-elle à la gueule des canons ou à la pointe des baïonnettes ? Non, elle est dans les idées, dans les institutions et dans le spectacle de leur succès.

PAIX ET LIBERTÉ OU LE BUDGET RÉPUBLICAIN

Les peuples agissent les uns sur les autres par les arts, par la littérature, par la philosophie, par le journalisme, par les transactions commerciales, par l'exemple surtout ; et s'ils agissent aussi quelquefois par la contrainte et la menace, je ne puis croire que ce genre d'influence soit de nature à développer les principes favorables aux progrès de l'humanité.

La renaissance de la littérature et des arts en Italie, la révolution de 1688, en Angleterre, l'acte d'indépendance des États-Unis, ont sans doute concouru à cet élan généreux qui, en 89, fit accomplir de si grandes choses à nos pères. En tout cela, où voyons-nous la main de la force brutale ?

On dit : Le triomphe des armes françaises, au commencement de ce siècle, a semé partout nos idées et laissé sur toute la surface de l'Europe l'empreinte de notre politique.

Mais savons-nous, pouvons-nous savoir ce qui serait arrivé dans une autre hypothèse ? Si, la France n'eût pas été attaquée, si la révolution poussée à bout par la résistance n'eût pas glissé dans le sang, si elle n'eût pas abouti au despotisme militaire, si au lieu de contrister, effrayer, et soulever l'Europe, elle lui eût montré le sublime spectacle d'un grand peuple accomplissant paisiblement ses destinées, d'institutions rationnelles et bienfaisantes, réalisant le bonheur des citoyens ; y a-t-il personne qui puisse affirmer qu'un tel exemple n'eût pas excité, autour de nous, l'ardeur des opprimés et affaibli les répugnances des oppresseurs ? Y-a-t-il personne qui puisse dire que le triomphe de la démocratie, en Europe, ne serait pas, à l'heure qu'il est, plus avancé ? Qu'on calcule donc toute la déperdition de temps, d'idées justes, de richesses, de force réelle que ces grandes guerres ont coûtée à la démocratie, qu'on tienne compte des doutes qu'elles ont jetés, pendant un quart de siècle, sur le droit populaire et sur la vérité politique !

Et puis, comment se fait-il qu'il n'y ait pas assez d'impartialité, au fond de notre conscience nationale, pour comprendre combien nos prétentions à imposer une idée, par la force, blessent au cœur nos frères du dehors ? Quoi ! nous, le peuple le plus susceptible de l'Europe ; nous, qui, avec raison, ne souffririons pas l'intervention d'un régiment anglais, fût-ce pour venir ériger sur le sol de la patrie la statue de la liberté, et nous enseigner la perfection sociale elle-même ; quand tous, jusqu'aux vieux débris de Coblentz, nous sommes d'accord sur ce point qu'il faudrait nous unir pour briser la main étrangère qui viendrait, armée, s'immiscer dans nos tristes débats, c'est nous qui avons toujours sur les lèvres ce mot irritant : prépondérance ; et nous ne savons montrer la liberté à nos frères, qu'une épée au poing tournée vers leur poitrine ! Comment en sommes-nous venus à nous imaginer que le cœur humain n'est pas partout le même ; qu'il n'a pas partout la même fierté, la même horreur de la dépendance ?

Mais enfin, cette Prépondérance illibérale que nous poursuivons avec tant d'aveuglement et, selon moi, avec tant d'injustice, où est-elle, et l'avons-nous jamais saisie ? Je vois bien les efforts, mais je ne vois pas les résultats. Je vois bien que nous avons, depuis longtemps, une immense armée, une puissante marine, qui écrasent le peuple, ruinent le travailleur, engendrent la désaffection, nous poussent vers la banqueroute, nous menacent de calamités effroyables sur lesquelles les yeux même de l'imagination tremblent de se fixer ; je vois tout cela, mais la prépondérance, je ne la vois nulle part, et si nous pesons dans les destinées de l'Europe, ce n'est pas par la force brutale, mais en dépit d'elle. Fiers de notre prodigieux état militaire, nous avons eu un différend avec les États-Unis, et nous avons cédé ; nous avons eu des contestations au sujet de l'Égypte, et nous avons cédé ; nous avons, d'année en année, prodigué des promesses à la Pologne, à l'Italie, et l'on n'en a pas tenu compte. Pourquoi ? parce que le déploiement de nos forces a provoqué un déploiement semblable sur toute l'Europe ; dès lors, nous n'avons plus pu douter que la moindre lutte, à propos de la cause la plus futile, ne menaçât de prendre les proportions d'une guerre universelle, et l'humanité autant que la prudence ont fait une loi aux hommes d'État de décliner une telle responsabilité.

Ce qu'il y a de remarquable et de bien instructif, c'est que le peuple qui a poussé le plus loin cette politique prétentieuse et tracassière, qui nous y a entraînés par son exemple, et nous en a fait peut-être une dure nécessité, le peuple anglais, en a recueilli les mêmes déceptions. Nul plus que lui n'a manifesté la prétention de se faire le régulateur exclusif de l'Equilibre européen, et cet équilibre a été dix fois compromis sans qu'il ait bougé. - Il s'était arrogé le monopole des colonies ; et nous avons pris Alger et les Marquises, sans qu'il ait bougé. Il est vrai qu'en ceci il pourrait être soupçonné de nous avoir vus, avec une mauvaise humeur apparente et une joie secrète, nous attacher aux pieds deux boulets. - Il se disait propriétaire de l'Orégon, patron du Texas ; et les États-Unis ont pris l'Orégon, le Texas, et une partie du Mexique par-dessus le marché, sans qu'il ait bougé. - Tout cela nous prouve que, si l'esprit des gouvernants est à la guerre, l'esprit des gouvernés est à la paix ; et, quant à moi, je ne vois pas pourquoi nous aurions fait une révolution démocratique, si ce n'est pour faire triompher l'esprit de la démocratie, de cette démocratie laborieuse qui paie bien les frais d'un appareil militaire, mais qui n'en peut jamais rien retirer que ruine, dangers et oppression.

Je crois donc que le moment est venu où tout le génie de la révolution française doit se résumer, se manifester et se glorifier solennellement, par un de ces actes de grandeur, de loyauté, de progrès, de foi en lui-même et de confiance en sa force, tel que le soleil n'en a jamais éclairé. Je crois que le moment est venu où la France doit déclarer résolument qu'elle voit la Solidarité des peuples dans l'enchaînement de leurs intérêts et la communication de leurs idées, et non dans l'interposition de la force brutale. Et pour donner à cette déclaration un poids irrésistible, - car qu'est-ce qu'un manifeste, quelque éloquent qu'il soit ? - je crois que le moment est venu pour elle de dissoudre cette force brutale elle-même.

Si notre chère et glorieuse patrie prenait en Europe l'initiative de cette révolution, quelles en seraient les conséquences ?

D'abord, pour rentrer dans mon sujet, voilà, d'un seul coup, nos finances alignées. Voilà la première partie de ma réforme devenue immédiatement exécutoire : voilà les impôts adoucis ; voilà le travail, la confiance, le bien-être, le crédit, la consommation pénétrant dans les masses ; voilà la République aimée, admirée, consolidée de tout ce que donnent de forces aux institutions les sympathies populaires ; voilà le fantôme menaçant de la banqueroute effacé des imaginations ; voilà les commotions politiques reléguées dans l'histoire du passé ; voilà enfin la France heureuse et glorieuse entre toutes les nations, faisant rayonner autour d'elle l'irrésistible empire de l'exemple.

Non-seulement la réalisation de l'œuvre démocratique enflammerait les cœurs, au dehors, à la vue de ce spectacle, mais il la rendrait certainement plus facile. Ailleurs, comme chez nous, on éprouve la difficulté de faire aimer des révolutions qui se traduisent en taxes nouvelles. Ailleurs, comme chez nous, on éprouve le besoin de sortir de ce cercle. Notre attitude menaçante est, pour les gouvernements étrangers, une raison ou un prétexte toujours debout pour extraire du sein du peuple de l'argent et des soldats. Combien l'œuvre de la régénération ne serait-elle pas facilitée sur toute l'Europe, si elle s'y pouvait accomplir sous l'influence de ces réformes contributives, qui, au fond, sont des questions de sympathie et d'antipathie, des questions de vie ou de mort pour les institutions nouvelles !

À cela, qu'objecte-t-on ?

La dignité nationale. J'ai déjà indiqué la réponse. Est-ce au profit de leur dignité que la France et l'Angleterre, après s'être écrasées de taxes pour développer de grandes forces, ont toujours refusé de faire ce qu'elles avaient annoncé ? Il y a, dans cette manière de comprendre la dignité nationale, une trace de notre éducation romaine. À l'époque où les peuples vivaient de pillage, il leur importait d'inspirer au loin de la terreur par l'aspect d'un grand appareil militaire. En est-il de même pour ceux qui fondent leurs progrès sur le travail ? - On reproche au peuple américain de manquer de dignité. Si cela est, ce n'est pas au moins dans sa politique extérieure, à laquelle une pensée traditionnelle de paix et de non-intervention donne un caractère si imposant de justice et de grandeur.

Chacun chez soi, chacun pour soi, c'est la politique de l'Égoïsme ; voilà ce, qu'on dira. - Terrible objection, si elle avait le sens commun. - Oui, chacun chez soi, en fait de force brutale ; mais que les rayons de la force morale, intellectuelle et industrielle, émanés de chaque centre national, se croisent librement et dégagent par leur contact, la lumière et la fraternité au profit de la race humaine. Il est bien étrange qu'on nous accuse d'Égoïsme, nous qui prenons toujours parti pour l'Expansion contre la Restriction. Notre principe est celui-ci : « Le moins de contact possible entre les gouvernements ; le plus de contact possible entre les peuples. » Pourquoi ? Parce que le contact des gouvernements compromet la Paix, tandis que le contact des peuples la garantit.

Sécurité extérieure. Oui, il y a là, j'en conviens, une question préjudicielle à résoudre. Sommes-nous ou ne sommes-nous pas menacés d'invasion ? Il y en a qui croient sincèrement au danger. Les rois, disent-ils, sont trop intéressés à éteindre en France le foyer révolutionnaire, pour ne pas l'inonder de leurs soldats, si elle désarmait. Ceux qui pensent ainsi ont raison de demander le maintien de nos forces. Mais qu'ils acceptent les conséquences. Si nous maintenons nos forces, nous ne pouvons diminuer sérieusement nos dépenses, nous ne devons pas adoucir les impôts, c'est même notre devoir de les aggraver, puisque les budgets se règlent chaque année en déficit. Si nous aggravons nos impôts, il est une chose dont nous ne sommes pas sûrs, c'est d'accroître nos recettes ; mais il en est une autre sur laquelle il n'y a pas de doute possible, c'est que nous engendrerons dans ce pays-ci la désaffection, la haine, la résistance, et nous n'aurons acquis la sécurité au dehors qu'aux dépens de la sécurité au dedans.

Pour moi, je n'hésiterai pas à voter le désarmement, parce que je ne crois pas aux invasions. D'où nous viendraient-elles ? De l'Espagne ? de l'Italie ? de la Prusse ? de l'Autriche ? c'est impossible. Reste l'Angleterre et la Russie. L'Angleterre ! elle a déjà fait cette expérience, et vingt-deux milliards de dettes, dont les travailleurs paient encore l'intérêt, sont une leçon qui ne peut être perdue. La Russie ! Mais c'est une chimère. Le contact avec la France n'est pas ce qu'elle cherche, mais ce qu'elle évite. Et si l'empereur Nicolas s'avisait de nous envoyer deux cent mille Moscovites, je crois sincèrement que ce que nous aurions de mieux à faire, ce serait de les bien accueillir, de leur faire goûter la douceur de nos vins, de leur montrer nos rues, nos magasins, nos musées, le bonheur du peuple, la douceur et l'égalité de nos lois pénales, après quoi nous leur dirions : Reprenez, le plus tôt possible, le chemin de vos steppes et allez dire à vos frères ce que vous avez vu.

Protection au commerce. Ne faut-il pas, dit-on, une puissante marine pour ouvrir des voies nouvelles à notre commerce et commander les marchés lointains ? - Vraiment les façons du gouvernement envers le commerce sont étranges. Il commence par l'entraver, le gêner, le restreindre, l'étouffer, et cela, à gros frais. Puis, s'il en échappe quelque parcelle, le voilà qui s'éprend d'une tendre sollicitude pour ces bribes qui ont réussi à passer au travers des mailles de la douane. Je veux protéger les négociants, dit-il, et pour cela j'arracherai 150 millions au public, afin de couvrir les mers de vaisseaux et de canons. - Mais, d'abord, les quatre-vingt-dix-neuf centièmes du commerce français se font avec des pays où notre pavillon n'a jamais paru ni ne paraîtra. Est-ce que nous avons des stations en Angleterre, aux États-Unis, en Belgique, en Espagne, dans le Zolwerein, en Russie ? C'est donc de Mayotte et de Nossibé qu'il s'agit ; c'est-à-dire qu'on nous prend, par l'impôt, plus de francs qu'il ne nous rentrera de centimes par ce commerce.

Et puis, qu'est-ce qui commande les débouchés ? Une seule chose : le bon marché. Envoyez où vous voudrez des produits qui coûtent cinq sous de plus que les similaires anglais ou suisses, les vaisseaux et les canons ne vous les feront pas vendre. Envoyez-y des produits qui coûtent cinq sous de moins, vous n'aurez pas besoin pour les vendre de canons et de vaisseaux. Ne sait-on pas que la Suisse, qui n'a pas une barque, si ce n'est sur ses lacs, a chassé de Gibraltar même certains tissus anglais, malgré la garde qui veille à la porte ? Si donc c'est le bon marché qui est le vrai protecteur du commerce, comment notre gouvernement s'y prend-il pour le réaliser ? D'abord, il hausse par ses tarifs le prix des matières premières, de tous les instruments de travail, de tous les objets de consommation ; ensuite, par voie de compensation, il nous accablé d'impôts sous prétexte d'envoyer sa marine à la quête des débouchés. C'est de la barbarie, de la barbarie la plus barbare, et le temps n'est pas loin où l'on dira : Ces Français du XIXe siècle avaient de singuliers systèmes commerciaux, mais ils auraient dû au moins s'abstenir de se croire au siècle des lumières.

Équilibre européen. Il nous faut une armée pour veiller à l'équilibre européen. - Autant en disent les Anglais - et l'équilibre devient ce que le fait le vent des révolutions. Le sujet est trop vaste pour que je l'aborde ici. Je ne dirai qu'un mot. Méfions-nous de la métaphore, disait Paul-Louis, et il avait bien raison. La voilà qui se présente à nous, par trois fois, sous forme de balances. Nous avons d'abord la Balance des puissances européennes - ensuite laBalance des pouvoirs - puis enfin la Balance du commerce. Pour énumérer les maux qui sont sortis de ces prétendues balances, il faudrait des volumes et je ne fais qu'une brochure.

Sécurité intérieure. Le pire ennemi de la logique, après la métaphore, c'est le cercle vicieux. Or, ici nous en rencontrons un vicieux au superlatif. « Écrasons le contribuable pour avoir une grande armée, puis ayons une grande armée pour contenir le contribuable. ». N'est-ce pas là que nous en sommes ? Quelle sécurité intérieure peut-on attendre d'un système financier qui a pour effet la désaffection générale, et pour résultat la banqueroute et ses suites politiques ? Je crois, moi, que si on laissait respirer les travailleurs, s'ils avaient la conscience qu'on fait pour eux tout ce qu'on peut faire, les perturbateurs du repos public n'auraient à leur disposition que bien peu d'éléments de trouble. Certes, la garde nationale, la police et la gendarmerie suffiraient à les contenir. Mais enfin, il faut tenir compte des frayeurs particulières à l'époque où nous vivons. Elles sont bien naturelles et bien justifiées. Transigeons avec elles et accordons-leur deux cent mille hommes, jusqu'à des temps meilleurs. On voit que l'esprit de système ne me rend ni absolu ni entêté.

Récapitulons maintenant.

Nous avons ainsi formulé notre programme :
diminuer les impôts. - diminuer les dépenses dans une plus forte proportion.

Programme qui aboutit forcément à l'équilibre, non par le chemin de la détresse, mais par celui de la prospérité générale.

Nous avons proposé, dans la première partie de cet écrit, un dégrèvement de taxes diverses impliquant une perte de revenu de cent millions, comparativement au budget présenté par le cabinet.

Notre programme sera donc rempli, si nous faisons résulter des considérations précédentes une diminution de dépenses supérieure à cent millions.

Or, indépendamment des retranchements qu'il serait possible d'opérer sur plusieurs services, si seulement on avait un peu de foi dans la liberté, retranchements que je ne demande pas par respect pour l'opinion publique égarée, nous avons les item suivants :.

1° Frais de perception. Dès l'instant que les impôts indirects sont adoucis, le stimulant à la fraude est émoussé. Il faut moins d'entraves, moins de formalités gênantes, moins de surveillance inquisitoriale, en un mot, moins d'employés. Ce qu'on peut faire, à cet égard, dans le seul service de la douane est énorme. - Posons 10 millions.

2° Frais de justice criminelle. Il n'y a pas, dans tout l'univers matériel, deux faits qui soient entre eux dans une connexité plus intime que la misère et le crime. Si donc, la mise à exécution de notre plan a pour effet nécessaire d'accroître le bien-être et le travail du peuple, il n'est pas possible que les frais de poursuite, de répression et de châtiment n'en soient diminués. - Mémoire.

3° Assistance. Il en faut dire autant de l'assistance, qui doit décroître en raison de l'accroissement du bien-être. - Mémoire.

4° Affaires étrangères. - La politique de non-intervention, celle que nos pères avaient acclamée en 89, celle que Lamartine eût inaugurée sans la pression de circonstances plus fortes que lui, celle que Cavaignac eût été fier de réaliser, cette politique entraîne la suppression de toutes les ambassades. C'est peu au point de vue financier. C'est beaucoup au point de vue politique et moral. - Mémoire.

5° Armée. Nous avons concédé 200,000 hommes aux exigences du moment. C'est 200 millions. Ajoutons-en 50 pour cas imprévus, retraites, traitements de disponibilité, etc. Comparativement au budget officiel, l'économie est de 100 millions.

6° Marine. On demande 130 millions. Accordons-en 80 et rendons-en 50 aux contribuables. Le commerce ne s'en portera que mieux.

7° Travaux publics. Je ne suis pas grand partisan, je l'avoue, d'économies qui ont pour résultat le sommeil ou la mort de capitaux engagés. Cependant, il faut s'incliner devant la nécessité. On nous demande 194 millions. Retranchons-en 30.

Nous obtenons ainsi, sans trop d'efforts, en chiffres ronds, 200 millions d'économies sur les dépenses, - contre cent millions sur les recettes. Donc nous sommes sur le chemin de l'équilibre, et ma tâche est remplie.

Mais celle du cabinet et de l'Assemblée nationale commence. Et ici je dirai, en terminant, ma pensée tout entière.

Je crois que le plan proposé, ou tout autre fondé sur les mêmes principes, peut seul sauver la République, le pays, la société. Ce plan est lié dans toutes ses parties. Si vous n'en prenez que la première, - diminuer l'impôt, - vous allez aux révolutions par la banqueroute ; si vous n'en prenez que la seconde, - diminuer la dépense, - vous allez aux révolutions par la misère. En l'adoptant dans son ensemble, vous évitez tout à la fois la banqueroute, la misère, les révolutions, et vous faites, par-dessus le marché, le bien du peuple. Il forme donc un système complet, qui doit triompher ou succomber tout entier.

Or, je crains qu'un plan unitaire et méthodique ne puisse jaillir de neuf cents cervelles. Il en peut bien sortir neuf cents projets qui se heurtent, mais non un qui triomphe.

Malgré le bon vouloir de l'Assemblée nationale, l'occasion est donc manquée et le pays perdu, si le cabinet ne s'empare vigoureusement de l'initiative.

Mais cette initiative, le cabinet la repousse. Il a présenté son budget, qui ne fait rien pour le contribuable et aboutit à un déficit effrayant. Puis il a dit : « Je n'ai pas à émettre des vues d'ensemble, je discuterai les détails quand le moment sera venu. » En d'autres termes : Je livre au hasard, ou plutôt à des chances aussi effroyables que certaines, les destinées de la France.

Et cela, pourquoi ? Le cabinet est composé pourtant d'hommes capables, patriotes, financiers. Il est douteux qu'aucun autre ministère eût pu mieux accomplir l'œuvre du salut commun.

Il ne l'essaye même pas. Et pourquoi ? Parce qu'il est entré aux affaires avec une idée préconçue. Idée préconçue ! que j'aurais dû te placer, comme fléau de tout raisonnement et de toute conduite, par delà la métaphore et le cercle vicieux !

Le ministère s'est dit : « Il n'y a rien à faire avec cette Assemblée, je n'y aurais pas la majorité ! »

Je n'examine pas ici toutes les funestes conséquences de cette idée préconçue.

Quand on croit qu'une assemblée est un obstacle, on est bien près de vouloir la dissoudre.

Quand on veut la dissoudre, on est bien près de travailler, sinon de manœuvrer dans ce sens.

Ainsi de grands efforts se sont faits pour réaliser le mal, au moment où il était si urgent de les consacrer à faire du bien.

Le temps et les forces se sont usés dans un conflit déplorable. Et, je le dis la main sur la conscience, dans ce conflit, je crois que le cabinet avait tort.

Car enfin, pour régler son action ou plutôt son inertie sur cette donnée : Je n'aurai pas la majorité ; il fallait du moins proposer quelque chose d'utile, et attendre un refus de concours.

Le président de la République avait tracé une voie plus sage quand il avait dit, le jour de son installation : « Je n'ai aucune raison de croire que je ne serai pas d'accord avec l'Assemblée nationale. »

Sur quoi donc s'est fondé le cabinet pour poser d'avance, dans l'idée contraire, le point de départ de sa politique ? Sur ce que l'Assemblée nationale avait montré de la sympathie pour la candidature du général Cavaignac.

Mais le cabinet n'a donc pas compris qu'il y a une chose que l'Assemblée met cent fois et mille fois au-dessus du général Cavaignac ! C'est la volonté du peuple, exprimée par le suffrage universel, en vertu d'une constitution qu'elle-même avait formulée.

Et moi je dis que, pour témoigner de son respect pour la volonté du peuple et la constitution, nos deux ancres de salut, elle eût été peut-être plus facile avec Bonaparte qu'avec Cavaignac lui-même.

Oui, si le ministère, au lieu de débuter par élever le conflit, fût venu dire à l'Assemblée : « L'élection du 20 décembre ferme la période agitée de notre révolution. Maintenant, occupons-nous de concert du bien du peuple, de réformes administratives et financières. » Je le dis avec certitude, l'Assemblée l'aurait suivi avec passion, car elle a la passion du bien et ne peut en avoir d'autre.

Maintenant l'occasion est perdue, et si nous ne la faisons renaître, malheur à nos finances, malheur au pays, pendant des siècles.

Eh bien ! je crois que, si chacun oublie ses griefs et comprime ses rancunes, la France peut encore être sauvée.

Ministres de la République, ne dites pas : Nous agirons plus tard. Nous chercherons des réformes avec une autre Assemblée. - Ne dites pas cela, car la France est sur le bord d'un gouffre. Elle n'a pas le temps de vous attendre.

Un ministère inerte par système ! Mais cela ne s'est jamais vu. Et quel temps choisissez-vous pour nous donner ce spectacle ? Il est vrai que le pays ruiné, blessé, meurtri, ne s'en prend pas à vous de ses souffrances. Toutes ses préventions sont tournées contre l'Assemblée nationale ; c'est assurément une circonstance aussi commode que rare pour un cabinet. Mais ne savez-vous pas que toute prévention fausse est éphémère ? Si, par une initiative vigoureuse, vous aviez mis l'Assemblée en demeure et qu'elle eût refusé de vous suivre, vous seriez justifiés et le pays aurait raison. Mais vous ne l'avez pas fait. Il ne se peut pas que, tôt ou tard, il n'ouvre les yeux, et si vous persistez à ne rien proposer, à ne rien essayer, à ne rien diriger ; si, par suite, la situation de nos finances devient irréparable, la Prévention du moment pourra bien vous absoudre, l'Histoire ne vous absoudra pas.

Il est maintenant décidé que l'Assemblée nationale fera le budget. Mais est-ce qu'une assemblée de neuf cents membres, abandonnée à elle-même, peut accomplir une œuvre si compliquée et qui exige tant de concordance entre toutes ses parties ? Du tumulte parlementaire il peut bien sortir des tâtonnements, des velléités, des aspirations : il ne peut sortir un plan de finances.

Telle est du moins ma conviction. S'il entre dans les vues du cabinet de laisser flotter au hasard les rênes, qui ne lui ont pas été sans doute confiées à cette fin ; s'il est résolu à rester spectateur impassible et indifférent des vains efforts de l'Assemblée, qu'elle se garde d'entreprendre une œuvre qu'elle ne peut accomplir seule ; qu'elle décline la responsabilité d'une situation qu'elle n'a pas faite.

Mais il n'en sera pas ainsi. Non, la France n'aura pas encore cette calamité à traverser. Le cabinet prendra énergiquement, sans arrière-pensée, avec dévouement, l'initiative qui lui appartient. Il présentera un plan de réforme financière fondée sur ce double principe : Diminuer les impôts. Diminuer les dépenses dans une plus forte proportion. Et l'Assemblée votera d'enthousiasme, sans s'éterniser et se perdre dans les détails.

Soulager le Peuple, faire aimer la République, fonder la Sécurité sur la sympathie populaire, combler le Déficit, relever la Confiance, ranimer le Travail, rétablir le Crédit, faire reculer la Misère, rassurer l'Europe, réaliser la Justice, la Liberté, la Paix, offrir au monde le spectacle d'un grand peuple qui n'a jamais été mieux gouverné que lorsqu'il s'est gouverné lui-même ; n'y a-t-il pas là de quoi éveiller la noble ambition d'un ministère et échauffer l'âme de celui qui porte l'héritage de ce nom : Napoléon ! - Héritage, quelle que soit la gloire qui l'environne, où deux fleurons brillent par leur absence : Paix et Liberté !

Conséquences de la réduction sur l'impôt du sel.

(Journal des Débats, 1er janvier 1849.)

La réduction immédiate de l'impôt du sel a désorienté le cabinet sous un rapport ; il y a de quoi. On est, dit-on, à la recherche d'impôts nouveaux pour combler le vide. Est-ce bien là ce que l'Assemblée a voulu ? Dégrever pour regrever, ce ne serait qu'un jeu, et un de ces tristes jeux où tout le monde perd. Quelle est donc la signification de son vote ? La voici : Les dépenses vont toujours croissant ; il n'y a qu'un moyen de forcer l'État à les réduire, c'est de le mettre dans l'impossibilité absolue de faire autrement.

Le moyen qu'elle a pris est héroïque, il faut en convenir. Ce qu'il y a de plus grave encore, c'est que la réforme du sel avait été précédée de la réforme des postes, et sera suivie probablement de la réforme des boissons.

Le ministère est désorienté. Eh bien ! moi je dis que l'Assemblée ne pouvait lui faire une plus belle position. Voilà, pour lui, une occasion admirable, et pour ainsi dire providentielle, d'entrer dans une voie nouvelle, d'en finir avec la fausse philanthropie et les passions belliqueuses ; et, convertissant son échec en triomphe, de faire sortir la sécurité, la confiance, le crédit, la prospérité, d'un vote qui semblait les compromettre, et de fonder enfin la politique républicaine sur ces deux grands principes : Paix et liberté.

Après la résolution de l'Assemblée, je m'attendais, je l'avoue, à ce que le président du conseil montât à la tribune, et y tînt à peu près ce langage :

« Citoyens représentants,

Votre vote d'hier nous montre une nouvelle voie ; bien plus, il nous force d'y entrer.

Vous savez combien la révolution de Février avait éveillé d'espérances chimériques et de systèmes dangereux. Ces espérances, ces systèmes, revêtus des fausses couleurs de la philanthropie, et pénétrant dans cette enceinte sous forme de projets de loi, n'allaient à rien moins qu'à ruiner la liberté et à engloutir la fortune publique. Nous ne savions quel parti prendre. Repousser tous ces projets, c'était heurter l'opinion populaire momentanément exaltée ; les admettre, c'était compromettre l'avenir, violer tous les droits, et fausser les attributions de l'État. Que pouvions-nous faire ? Atermoyer, transiger, composer avec l'erreur, donner une demi-satisfaction aux utopistes, éclairer le peuple par la dure leçon de l'expérience, créer des administrations avec l'arrière-pensée de les anéantir plus tard, ce qui n'est pas facile. Maintenant, grâce à l'Assemblée, nous voici à l'aise. Ne venez plus nous demander de monopoliser l'instruction, de monopoliser le crédit, de commanditer l'agriculture, de privilégier certaines industries, de systématiser l'aumône. Nous en avons fini avec la mauvaise queue du socialisme. Votre vote a porté le coup mortel à ses rêveries. Nous n'avons plus même à les discuter ; car à quoi mènerait la discussion, puisque vous nous avez ôté les moyens de faire ces dangereuses expériences ? Si quelqu'un sait le secret de faire de la philanthropie officielle sans argent, qu'il se présente ; voici nos portefeuilles, nous les lui céderons avec joie. Tant qu'ils resteront en nos mains, dans la nouvelle position qui nous est faite, il ne nous reste qu'à proclamer, comme principe de notre politique intérieure, la liberté, la liberté des arts, des sciences, de l'agriculture, de l'industrie, du travail, de l'échange, de la presse, de l'enseignement ; car la liberté est le seul système compatible avec un budget réduit. Il faut de l'argent à l'État pour réglementer et opprimer. Point d'argent, point de réglementation. Notre rôle, fort peu dispendieux, se bornera désormais à réprimer les abus, c'est-à-dire à empêcher que la liberté d'un citoyen ne s'exerce aux dépens de celle d'un autre.

Notre politique extérieure n'est pas moins indiquée et forcée. Nous tergiversions, nous tâtonnions encore ; maintenant nous sommes irrévocablement fixés, non par choix seulement, mais par nécessité. Heureux, mille fois heureux que cette nécessité nous impose justement la politique que nous aurions adopté par choix ! Nous sommes résolus à réduire notre état militaire. Remarquez bien qu'il n'y a pas à raisonner là-dessus, il faut agir ; car nous sommes placés entre le désarmement et la banqueroute. De deux maux, dit-on, il faut choisir le moindre. Ici, il n'y a à choisir, selon nous, qu'entre un bien immense et un mal effroyable ; et cependant, hier encore ce choix ne nous était, pas facile : la fausse philanthropie, les passions belliqueuses nous faisaient obstacle ; il fallait compter avec elles. Aujourd'hui elles sont forcément réduites au silence ; car, quoiqu'on dise que la passion ne raisonne pas, néanmoins elle ne peut déraisonner au point d'exiger que nous fassions la guerre sans argent. Nous venons donc proclamer à cette tribune le fait du désarmement, et comme conséquence, comme principe de notre politique extérieure, la non-intervention. Que l'on ne nous parle plus de prépondérance, de prépotence ; qu'on ne nous montre plus comme champ de gloire et de carnage la Hongrie, l'Italie, la Pologne. Nous savons ce qu'on peut dire pour ou contre la propagande armée, quand on a le choix. Mais vous ne disconviendrez pas que, quand on ne l'a plus, la controverse est superflue. L'armée va être réduite à ce qui est nécessaire pour garantir l'indépendance du pays, et du même coup, toutes les nations pourront compter désormais, en ce qui nous concerne, sur leur indépendance. Qu'elles réalisent leurs réformes comme elles l'entendront ; qu'elles n'entreprennent que ce qu'elles peuvent accomplir. Nous leur faisons savoir hautement et définitivement qu'aucun des partis qui les divisent n'ont plus à compter sur le concours de nos baïonnettes. Que dis-je ? ils n'ont pas même besoin de nos protestations, car ces baïonnettes vont rentrer dans le fourreau, ou plutôt, pour plus de sûreté, se convertir en charrues. J'entends des interruptions descendre de ces bancs, vous dites : C'est la politique du chacun chez soi, chacun pour soi. Hier encore nous aurions pu discuter la valeur de cette politique, puisque nous étions libres d'en adopter une autre. Hier, j'aurais invoqué des raisons. J'aurais dit : Oui, chacun chez soi, chacun pour soi, autant qu'il s'agit de force brutale. Ce n'est pas à dire que les liens des peuples seront brisés. Ayons avec tous des relations philosophiques, scientifiques, artistiques, littéraires, commerciales. C'est par là que l'humanité s'éclaire et progresse. Mais des rapports à coups de sabre et de fusil, je n'en veux pas. Parce que des familles parfaitement unies ne vont pas les unes chez les autres à main armée, dire qu'elles se conduisent sur la maxime chacun chez soi, c'est un étrange abus de mots. D'ailleurs, que dirions-nous si, pour terminer nos dissensions, lord Palmerston nous envoyait des régiments anglais ? Le rouge de l'indignation ne nous monterait-il pas au front ? Comment donc refusons-nous de croire que les autres peuples chérissent aussi leur dignité et leur indépendance ? Voilà ce que j'aurais dit hier, car quand on a le choix entre deux politiques, il faut justifier par des raisons celle qu'on préfère. Aujourd'hui je n'invoque que la nécessité, parce que l'option ne nous appartient plus. La majorité, qui nous a refusé les recettes pour nous forcer à diminuer les dépenses, ne sera pas assez inconséquente pour nous imposer une politique ruineuse. Si quelqu'un, sachant que l'impôt des postes, du sel et des boissons va être considérablement réduit ; sachant que nous sommes en présence d'un déficit de 500 millions, a encore l'audace de proclamer le principe de la propagande armée, qui, menaçant l'Eurore, nous force, même en temps de paix, à des efforts ruineux, qu'il se lève et prenne ce portefeuille. Quant à nous, nous n'assumerons pas la honte d'une telle puérilité. Donc dès aujourd'hui la politique de la non-intervention est proclamée. Dès aujourd'hui des mesures sont prises pour licencier une partie de l'armée. Dès aujourd'hui des ordres partent pour supprimer d'inutiles ambassades.

Paix et liberté ! voilà la politique que nous eussions adoptée par conviction. Nous remercions l'Assemblée de nous en avoir fait une nécessité absolue et évidente. Elle fera le salut, la gloire et la prospérité de la République ; elle marquera nos noms dans l'histoire. »

Voilà, ce me semble, ce qu'eût dû dire le cabinet actuel. Sa parole eût rencontré l'universel assentiment de l'Assemblée, de la France et de l'Europe.

NOTES

1. Pamphlet publié en février 1849. - L'auteur avait écrit, un mois avant, dans le Journal des Débats, un article qu'à raison de l'identité du sujet nous reproduisons à la fin de Paix et Liberté. (Note de l'éditeur.)
2. Sur les opinions politiques de l'auteur, V. au tome Ier, ses écrits et professions de foi publiés à l'occasion des élections. (Note de l'éditeur.)
3. V. le pamphlet l'État, tome IV, page 327. (Note de l'éditeur.)
4. We have got the bounds of profitable taxation. (Peel.)
5. Je dis mien pour abréger ; mais je ne dois pas me poser en inventeur. Le directeur de la Presse a plusieurs fois émis l'idée fondamentale que je reproduis ici. Qui plus est, il en a fait, avec succès, l'application. Suum cuique.
6. V. au tome IV, page 163, le chapitre intitulé Cherté, Bon marché. (Note de l'éditeur.)
7. Dans le pamphlet Spoliation et Loi, qui commence ce volume, on a pu voir que l'auteur n'avait pas tardé à reconnaître combien il s'était trompé, en s'imaginant que les protectionistes étaient devenus raisonnables. Mais il est vrai qu'au commencement de 1849 ils se montraient beaucoup plus traitables qu'ils ne le furent un an plus tard. (Note de l'éditeur.)
8. Le traité passé entre nos pères et le clergé est un obstacle à cette réforme si désirable. Justice avant tout.
9. Cet aveuglement de l'opinion publique attristait l'auteur, depuis longtemps, et dès qu'une tentative pour consolider le bandeau placé sur les yeux de nos concitoyens lui était connue, il sentait le besoin de la combattre. Mais, dans sa retraite de Mugron, les moyens de publicité lui manquaient. Aussi la lettre suivante, écrite par lui, depuis nombre d'années, est-elle jusqu'à présent restée inédite.À M. SAULNIER,

Éditeur de la Revue britannique.

Monsieur,

Vous avez transporté de joie tous ceux qui trouvent le mot économieabsurde, ridicule, insupportable, bourgeois, mesquin. Le Journal des Débatsvous prône, le président du conseil vous cite et les faveurs du pouvoir vous attendent. Qu'avez-vous fait cependant, Monsieur, pour mériter tant d'applaudissements ? Vous avez établi par des chiffres (et l'on sait que les chiffres ne trompent jamais), qu'il en coûte plus aux citoyens des États-Unis qu'aux sujets français pour être gouvernés. D'où la conséquence rigoureuse (rigoureuse pour le peuple en effet), qu'il est absurde de vouloir en France mettre des bornes aux profusions du pouvoir.

Mais, Monsieur, j'en demande pardon à vous, aux centres et à la statistique, vos chiffres, en les supposant exacts, ne me semblent pas défavorables au gouvernement américain.

En premier lieu, établir qu'un gouvernement dépense plus qu'un autre, ce n'est rien apprendre sur leur bonté relative. Si l'un d'eux, par exemple, administre une nation naissante, qui a toutes ses routes à percer, tous ses canaux à creuser, toutes ses villes à paver, tous ses établissements publics à créer, il est naturel qu'il dépense plus que celui qui n'a guère qu'à entretenir des établissements existants. Or, vous le savez comme moi, Monsieur, dépenser ainsi c'est épargner, c'est capitaliser. S'il s'agissait d'un agriculteur, confondriez-vous les mises de fonds qu'exige un premier établissement avec ses dépenses annuelles ?

Cependant cette différence de situation très-importante n'entraîne, d'après vos chiffres, qu'un surcroît de dépense de trois francs pour chaque citoyen de l'Union. Cet excédent est-il réel ? Non, d'après vos propres données. - Cela vous surprend, car vous avez fixé à 36 fr. la contribution de chaque Américain, et à 33 fr. celle de chaque Français ; or 36 = 33 + 3, en bonne arithmétique. - Oui, mais, en économie politique, 33 valent souvent plus que 36. Vous allez en juger. L'argent, relativement à la main-d'œuvre et aux marchandises, n'a pas autant de valeur aux États-Unis qu'en France. Vous fixez vous-même le prix de la journée à 4 fr. 50 c. aux États-Unis et à 1 fr. 50 c. en France. Il en résulte, je crois, qu'un Américain paye 36 fr. avec huit journées, tandis qu'il faut à un Français vingt-deux journées de travail pour payer 33 fr. - Il est vrai que vous dites aussi qu'on se rachète des corvées aux États-Unis avec 3 fr. et que, par conséquent, le prix de la journée y doit être établi à 3 fr. - À cela, deux réponses. On se rachète de la corvée, en France, avec 1 fr. (car nous avons aussi nos corvées dont vous ne parlez pas) ; et ensuite, si la journée aux États-Unis ne vaut que 3 fr., les Américains ne payent plus 36 fr., puisque, pour arriver à ce chiffre, vous avez porté à 4 fr. 50 c. toutes les journées que ces citoyens emploient à remplir leurs devoirs de miliciens, de corvéables, de jurés, etc.

Ce n'est pas la seule subtilité dont vous avez usé pour élever à 36 fr. la contribution annuelle de chaque Américain.

Vous imputez au gouvernement des États-Unis des dépenses dont il ne se mêle en aucune façon. Pour justifier cette étrange manière de procéder, vous dites que ces dépenses n'en sont pas moins supportées par les citoyens. Mais s'agit-il de rechercher quelles sont les dépenses volontaires des citoyens ou quelles sont les dépenses du gouvernement ?

Un gouvernement est institué pour remplir certaines fonctions. Quand il sort de son attribution, il faut qu'il fasse un appel à la bourse des citoyens et qu'il diminue ainsi cette portion de revenus dont ils avaient la libre disposition. Il devient à la fois spoliateur et oppresseur.

Une nation qui est assez sage pour forcer son gouvernement à se borner à garantir à chacun sa sûreté, et qui ne paye que ce qui est rigoureusement indispensable pour cela, consomme le reste de ses revenus selon son génie, ses besoins et ses goûts.

Mais une nation, chez laquelle le gouvernement se mêle de tout, ne dépense rien par elle et pour elle, mais par le pouvoir et pour le pouvoir ; et si le public français pense comme vous, Monsieur, qu'il est indifférent que sa richesse passe par les mains des fonctionnaires, je ne désespère pas que nous ne soyons tous un jour logés, nourris et vêtus aux frais de l'État. Ce sont choses qui nous coûtent, et d'après vous, il importe peu que nous nous les procurions par voie de contribution ou par des achats directs. Le cas que nos ministres font de cette opinion me persuade que nous aurons bientôt des habits de leur façon, comme nous avons des prêtres, des avocats, des professeurs, des médecins, des chevaux et du tabac de leur façon.

J'ai l'honneur, etc.

Frédéric Bastiat.

(Note de l'éditeur.)

10. V. au tome IV, le pamphlet la Loi, page 342, et notamment le passage compris dans les pages 381 à 386. (Note de l'éditeur.)

11. Nous trouvons dans les manuscrits de l'auteur la pensée suivante, qui se rapporte au sujet spécial dont il s'occupe ici :« Pourquoi nos finances sont-elles dérangées ? » - « Parce que, pour les Représentants, il n'y a rien de plus facile que de voter une Dépense, et rien de plus difficile que de voter une Recette. »

« Si vous l'aimez mieux,

Parce que les Traitements sont fort doux et les Impôts fort durs. »

« J'en sais encore une raison. »

« Tout le monde veut vivre aux dépens de l'État, et on oublie que l'État vit aux dépens de tout le monde. » (Note de l'éditeur.)

12. Allusion à l'inepte accusation portée contre les libre-échangistes d'être vendus à l'Angleterre. (Note de l'éditeur.)

www.ingramcontent.com/pod-product-compliance
Lightning Source LLC
Chambersburg PA
CBHW070715180526
45167CB00004B/1487